DE L'AFRIQUE

ET DES

CHEVALIERS HOSPITALIERS

DE St.-JEAN DE JÉRUSALEM.

Par L. C. P. D. V.

PARIS,

ADRIEN EGRON, IMPRIMEUR
DE S. A. R. MONSEIGNEUR DUC D'ANGOULÊME,
rue des Noyers, n° 37.

1818.

DE L'AFRIQUE

ET

DES CHEVALIERS HOSPITALIERS DE S^T.-JEAN DE JÉRUSALEM.

Un spectacle bien étonnant sans doute, c'est de voir les Etats de l'Europe payer, aux hordes qui occupent les côtes septentrionales de l'Afrique, le tribut le plus honteux, auquel des nations puissantes et civilisées se soient jamais soumises envers des peuples faibles et barbares.

A différentes époques, l'Espagne, la France, l'Angleterre, la Hollande ont rougi d'une si humiliante sujétion. On a vu leurs flottes, et même leurs armées attaquer ces pirates jusque dans leurs repaires, et venger, par des châtimens éclatans, les longs et nombreux outrages faits à leurs pavillons; mais aucune de ces puissances, si ce n'est l'Espagne, n'a voulu, jusqu'à présent, s'occuper de détruire le mal dans sa racine, et faire cesser à jamais l'esclavage dont les chrétiens, qui naviguent dans la Méditerranée, sont continuellement exposés à devenir les victimes. Peu de temps après les plus terribles punitions, on a vu les Barbaresques couvrir les mers comme auparavant, descendre même sur les côtes, y commettre d'horribles cruautés, et emmener en esclavage d'infortunés habitans, dont la vente ou la rançon leur faisait espérer quelque bénéfice. A la nouvelle de chaque désastre de ce genre un peu marquant, les chrétiens indignés se demandaient pourquoi on ne s'entendait pas pour exterminer le dernier de ces pirates. Mais les gouvernemens européens, au lieu de faire cause commune, ainsi que le voulait l'intérêt des peuples, traitaient individuellement avec ces barbares pour le rachat de leurs captifs, et tâchaient, par des présens, de se concilier leur amitié. Le résultat infaillible de cette mesure devait être, en donnant de nouvelles forces à ces brigands, d'augmenter chez eux le désir de recommencer des courses si profitables : c'est ce qui n'a jamais manqué d'arriver. On les a toujours vus se venger, sur les nations qui les payaient, des égards, au moins momentanés, que leur arrachaient les puissances qui les traitaient sévèrement.

Ce qui s'est vu avant nous, nous le voyons de nos jours. Depuis l'expédition de lord Exmouth, les Barbaresques sont loin d'avoir renoncé à la piraterie. Sans doute ils respectent le pavillon anglais, et se souviendront quelque temps de l'avoir vu flotter sous les murs d'Alger. Mais respectent-ils les pavillons germaniques et ceux d'Italie? N'osent-ils plus faire de descentes dans le royaume de Naples et sur les terres de la Sardaigne? Nous avons de tristes exemples du contraire. Que les Anglais eux-mêmes se trouvent, quelque jour, occupés d'une guerre maritime sérieuse, et l'on verra les équipages de leurs nombreux navires aller peupler aussi les bagnes d'Alger et de Tunis.

Mais l'esclavage n'est pas le seul fléau dont l'Afrique menace sans cesse le commerce européen; elle l'entrave, elle l'arrête par des appréhensions toujours renaissantes de la peste. L'ignorance, la superstition, la paresse, tout concourt pour que cette terrible maladie n'abandonne jamais, pour long-temps, les côtes et surtout les ports des Etats barbaresques.

L'Europe chrétienne a toujours eu bien plus de forces qu'il ne lui en fallait pour écarter le premier de ces maux. Les causes de sa longue et honteuse patience n'ont pas besoin d'être développées ici plus que nous ne l'avons déjà fait; mais on peut assurer qu'à aucune époque, elle n'a eu tant de motifs ni une plus belle occasion d'effacer cette tache que dans ce moment. Si elle met à profit pour cela le moyen qui est à sa disposition, elle rendra en même temps moins redoutables, pour la santé de ses habitans, ses communications avec l'Afrique, et enfin elle réparera une injustice affligeante, dont elle s'est presque toute entière rendue coupable.

Pendant que les puissances maritimes les plus imposantes de l'Europe, contentes de quelques actes de vengeance passagers, livraient le commerce des nations plus faibles à la rapacité des Barbaresques, l'Ordre des Chevaliers de St.-Jean de Jérusalem seul faisait une guerre constante à ces pirates. Par les efforts les plus généreux, il soutenait l'honneur du nom chrétien, et acquérait des droits éternels à l'admiration et à la reconnaissance du monde civilisé. Quelque attrayant qu'il pût être pour nous de rapporter quelques-uns des prodiges que l'histoire de cet Ordre célèbre nous présente en si grand nombre, nous nous en abstiendrons, parce que cela n'entre point dans notre plan. On croira facilement qu'il en coûte à un Français de parler des Chevaliers hospitaliers sans rappeler un seul des faits héroïques des Villaret, des d'Aubusson, des Villiers-de-l'Isle-Adam, des Lavalette. Mais ce que nous croyons devoir dire, c'est qu'il n'y a pas une nation chrétienne en Europe qui, à une époque quelconque, n'ait eu sa part dans le faisceau de gloire dont a brillé cet Ordre; aucune qui ne dût s'honorer d'en conserver le souvenir. Comment se fait-il donc que cet Ordre illustre soit tombé sans qu'aucun effort ait été fait pour le relever? comment les Souverains, qui ont rétabli l'Europe sur ses antiques bases, peuvent-ils voir les membres de la plus héroïque institution qui fut jamais dispersés sans qu'il leur soit offert aucun asile, concédé aucun territoire où ils puissent se réunir et se reconstituer, pour recommencer le cours de leurs honorables travaux? Cet héritage d'antique gloire serait-il donc perdu pour les peuples? Nos commerçans, nos navigateurs resteront-ils toujours menacés des horreurs de l'esclavage, et se bornera-t-on à venger les injures passées par des châtimens terribles, il est vrai, mais dont l'expérience prouve que les effets sont de peu de durée? N'est-il pas temps, enfin, de prendre des mesures qui garantissent l'honneur des pavillons chrétiens, et inspirent au commerce de l'Europe une confiance si utile à sa prospérité?

Nous objectera-t-on que l'existence des Hospitaliers à Malte n'a pas toujours empêché qu'un grand nombre de chrétiens ne fussent emmenés en esclavage chez les Barbaresques, n'a pas toujours préservé de toute insulte les côtes de l'Europe que baigne la Méditerranée? Mais qui ne sait avec quel héroïsme ces généreux Chevaliers ont constamment lutté à forces inégales contre les nombreux ennemis des chrétiens?

Nous serions donc bien injustes, si nous leur reprochions de n'avoir pas toujours pu écarter de nous des malheurs auxquels leur dévouement et leur courage les portaient à s'exposer sans cesse pour nous en préserver. Déplorons plutôt l'aveuglement des puissances européennes qui, insensibles à tant de maux et à tant d'outrages, n'ont jamais fourni à ces généreux champions de la chrétienté des moyens suffisans pour détruire la cause de ces honteuses calamités. Après la malheureuse, mais admirable défense de l'île de Rhodes, les restes de ces preux Chevaliers ne purent obtenir pour asile qu'un stérile rocher, que leur courage, il est vrai, prouva, par des prodiges, que l'on pouvait défendre, car toutes les forces de l'empire ottoman vinrent s'y heurter sans succès, mais dont ils ne pouvaient tirer que de bien faibles moyens d'attaque. Ils n'avaient point à leur disposition une population assez considérable pour fournir aux nombreux armemens qui eussent été nécessaires pour que rien n'échappât à leur surveillance. Ils ne pouvaient accroître ni leur territoire ni leurs richesses ; ils ne pouvaient poursuivre leurs ennemis que sur mer. N'étant maîtres d'aucun point sur le continent de l'Afrique, ils ne pouvaient imposer à ces barbares une terreur qui les forçât de renoncer à leurs insolentes aggressions. Voilà ce que, pour la gloire de l'Europe et le bien de l'humanité, il faudrait qu'ils fussent à même de faire. Je crois donc servir ici cette cause sacrée, en proposant de réunir les débris de cet Ordre si fameux, de les organiser de nouveau, et de les établir sur les côtes mêmes de l'Afrique. En transportant dans cette région ennemie cette pépinière de héros, on pourvoirait de suite à la sûreté de l'Europe, à laquelle ce corps d'élite serait chargé de veiller sans cesse, et de plus, on préparerait, pour ces contrées si célèbres jadis, le retour de la civilisation, dont elles se trouvent depuis si long-temps privées.

Mais ce n'est pas avec les faibles dimensions auxquelles l'Ordre des Chevaliers de St.-Jean était réduit depuis plusieurs siècles, et encore moins dans l'état voisin de l'anéantissement où il se trouve, depuis sa dernière catastrophe, qu'il serait permis de songer à lui imposer une mission, où la force devrait être proportionnée au courage.

Afin qu'il pût reprendre une attitude digne du grand rôle qu'il a joué aux beaux jours de sa puissance, afin qu'il pût remplir la haute destinée que nous voudrions lui préparer, pour l'honneur du monde civilisé, nous croyons qu'il serait nécessaire que de nouveau il appartînt à toute l'Europe; que tous les peuples chrétiens contribuassent à son rétablissement et à son entretien, selon la population et la richesse de chacun.

Désirant toutefois conserver des institutions et formes anciennes tout ce qui pourrait s'accorder aux circonstances présentes, nous pensons entr'autres qu'il devrait continuer à être réparti en diverses langues, comme ci-devant; que seulement le nombre et les circonscriptions ne pourraient plus en être les mêmes, par des raisons qui s'aperçoivent assez facilement, mais que, néanmoins, nous nous proposons d'expliquer plus tard.

Voici un tableau de ces divisions que nous allons exposer; non que nous estimions qu'il doive être adopté de préférence à tout autre, mais parce que nous en avons besoin d'un quelconque, pour nous aider à développer notre projet, et à le faire connaître.

La France aurait quatre langues : Provence, Auvergne, France, Austrasie;

L'Espagne quatre : Arragon, Castille, Asturies, Andalousie;

L'Autriche cinq : Autriche, Bohême, Hongrie, Lombardie, Illyrie;

La Russie trois : Russie, Pologne, Lithuanie. (La première de ces langues comprendrait tous les catholiques latins et les Grecs réunis à l'Eglise de Rome, qui se trouvent dans les Etats de S. M. Impériale hors des provinces polonaises et lithuaniennes.)

La Prusse deux langues : Silésie, Westphalie. (La première comprendrait tous les catholiques répandus dans les Etats de S. M. Prussienne, depuis les frontières de la Russie jusqu'à la rive droite de l'Elbe; la seconde, tous les catholiques habitant entre la rive gauche de l'Elbe, la rive droite du Mein, les frontières occidentales et la mer.)

L'Angleterre deux langues : Angleterre (y compris l'Ecosse,) Irlande ;

Pays-Bas une langue : Belgique, à laquelle seraient réunis tous les catholiques du royaume ;

Portugal une langue ;

Sardaigne une langue ;

Toscane une langue, à laquelle seraient rattachés tous les pays compris entre les frontières du Piémont, de la Lombardie, et des Etats romains ;

Rome une langue ;

Naples et Sicile deux langues ;

Bavière une langue, de laquelle ressortiraient tous les Allemands catholiques compris entre les frontières d'Autriche, de Suisse, de France, de Prusse, et la rive gauche du Mein.

Chaque souverain prendrait le titre de protecteur des langues comprises dans ses Etats, et de plus celui de grand ami et confédéré de l'Ordre.

Les Rois de Suède, de Danemarck, de Saxe, de

Wurtemberg, qui n'ont point ou qui ont trop peu de catholiques dans leurs Etats, pour y fonder une langue, prendraient seulement le titre de grands amis de l'Ordre.

Les sujets catholiques suisses se mettraient sous le protectorat des souverains, avec lesquels leurs cantons auraient des capitulations.

Par la suite, il serait formé une langue d'Afrique, qui se composerait de tous les Chevaliers nés dans le pays, de quelque partie de l'Europe que leurs familles fussent originaires. Cette langue deviendrait, à la longue, la plus puissante, et peut-être pourrait-elle un jour se passer des secours de l'Europe : mais la précaution de confondre tous les natifs de l'Afrique dans une seule langue, n'en serait pas moins indispensable, pour prévenir les rivalités des nations.

Après avoir indiqué de quels points de l'Europe devraient partir les divers contingens qui composeraient l'Ordre des Chevaliers Hospitaliers, après avoir désigné les illustres protecteurs, appelés au nom de la gloire et de l'humanité, à coopérer à son rétablissement, nous allons, avec la déférence qui convient à un particulier étranger à ce corps, hasarder, sur son organisation intérieure, quelques projets de modifications qui nous sont suggérés par les circonstances, et dont l'exécution nous semblerait propre à favoriser son extension, sur le nouveau terrain où nous songeons à le transporter.

L'Ordre consisterait, comme ci-devant, en un Grand-Maître, des Baillis, des Commandeurs, des Chevaliers, etc.; mais ne serait-il pas possible, par exemple, que les premiers vœux des jeunes Chevaliers ne les engageassent d'abord que jusqu'à trente ans; que de trente à trente-cinq ans, ils eussent le choix ou de les renouveler à perpétuité, pour devenir Commandeurs et Baillis, ou de se marier pour se fixer en Afrique, et y devenir propriétaires, sans cesser de faire partie de l'Ordre, ainsi qu'il sera expliqué plus bas, ou enfin de se déclarer Chevaliers libres, par quoi ils renonceraient aux dotations territoriales que l'Ordre accorderait aux Chevaliers mariés, ainsi qu'aux promotions de Commandeurs, continuant seulement à être aptes à exercer les fonctions militaires ou autres commissions qui leur seraient confiées par l'Ordre, mais avec le droit de s'en démettre à volonté, et même de se retirer entièrement de son service?

Le gouvernement se composerait, outre le Grand-Maître, de deux conseils permanens; le Conseil des Baillis et le Conseil des Commandeurs. Chaque conseil toutefois ne renfermerait pas la totalité des individus de son grade; mais seulement une partie, les autres remplissant, pendant ce temps-là, les commissions militaires ou administratives qui leur seraient confiées par le Grand-Maître. A l'expiration de leurs commissions, ils rentreraient de droit dans le conseil.

Le Grand-Maître aurait, en outre, un conseil privé, dont il pourrait prendre les membres dans tous les grades de l'Ordre.

Mais toute autorité serait censée émaner du chapitre général de l'Ordre; il s'assemblerait de droit pour l'élection de chaque nouveau Grand-Maître; il s'assemblerait également dans les circonstances critiques sur la convocation du Grand-Maître; il se composerait de la réunion des conseils, plus de la représentation des Chevaliers, qui consisterait dans un député sur vingt par chaque langue. Comme il serait de la plus haute importance, non-seulement pour le repos, mais pour la conservation de l'Ordre, qu'il gardât la plus stricte et la plus sévère neutralité dans les divisions et les guerres qui pourraient survenir parmi les princes chrétiens, nous croyons qu'une mesure prudente, dans ces circonstances, serait que le droit de vote dans le conseil fût suspendu, pour les sujets des parties belligérantes, surtout quand ce seraient des puissances maritimes.

Ces premières bases supposées adoptées par l'Ordre, et approuvées par les souverains qui devraient coopérer à sa formation, il serait indiqué en Europe un point à peu près central pour un Chapitre extraordinaire des Hospitaliers à présent existans: là se reudraient le Lieutenant du Magistère, les Baillis, les Commandeurs, et tous les Chevaliers qui pourraient se prêter à ce déplacement. Ce Chapitre serait convenablement placé dans une ville de Suisse : par exemple, à Soleure ou à Fribourg.

Le premier soin du Chapitre serait d'élire un Grand-Maître, lequel nommerait des commissaires chargés d'aller traiter avec les différens souverains pour la création ou l'organisation des langues dans leurs Etats. La nomination des aspirans à l'Ordre appartiendrait, dans chaque pays, au souverain. Les commissaires de l'Ordre ne reconnaîtraient de liste que celle qui leur serait présentée au nom du protecteur de chaque langue ; seulement le Grand-Maître aurait le droit de faire solliciter près du souverain, la nomination d'individus dont les familles auraient déjà fourni des Chevaliers à l'Ordre.

Dans cette première formation, on ne prendrait, pour nouveaux Chevaliers, que des officiers qui eussent déjà fait la guerre (condition qui n'en rendrait pas le choix difficile dans ce moment), et l'on s'occuperait de suite à constituer chaque langue en force militaire. A cet effet, les gouvernemens autoriseraient le recrutement dans leurs Etats, et fourniraient des fonds pour en soutenir les frais.

Il serait levé dans chaque circonscription de langue,

au moins un bataillon de cinq cents hommes qu'on appellerait bannière. Chaque bannière serait accompagnée de deux pièces d'artillerie : deux bannières feraient une légion.

Les langues riches et puissantes en population fourniraient plusieurs bannières, et de plus, des cohortes légères, des escadrons de cavalerie (1), des batteries d'artillerie, des sapeurs, des pionniers, etc., suivant les ressources de chaque Etat. Ces contingens seraient

---

(1) Dans la composition de la cavalerie, il faudrait être économe de cavalerie légère, et n'en avoir absolument que pour éclairer l'armée, sans penser jamais à l'opposer à la cavalerie maure, car celle-ci ne le cède guère aux Mamelucks d'Egypte, tant pour les hommes que pour les chevaux et les armes; or, il a été prouvé, en Egypte, que la cavalerie légère, armée à l'européenne, ne pouvait résister à celle du pays. Ce n'était jamais que l'infanterie qui pouvait arrêter ces terribles escadrons; ainsi, on devrait se contenter d'avoir quelques Cosaques, à cause de leur rare capacité à fouiller et reconnaître un pays, des Lanciers polonais et des Hussards hongrois : tout le reste devrait être composé de Cuirassiers et de Dragons. Les premiers devraient même être plus couverts de fer qu'ils ne le sont dans les armées d'Europe; il faudrait qu'ils eussent le col et les bras défendus par des mailles de fer. Quant aux Dragons, on les ramènerait à leur première institution d'infanterie à cheval, disposée à être transportée rapidement aux lieux où elle peut décider du succès d'une affaire; mais en combattant à pied et avec le fusil : c'est ainsi que s'en servait Turenne.

réglés au couvent de l'Ordre, auprès duquel les souverains protecteurs des langues entretiendraient des commissaires, pour débattre leurs intérêts, et consentir leurs sacrifices; on sent facilement que le nombre des Chevaliers de chaque langue devrait être fixé d'après ces contingens.

Pendant que l'on travaillerait à l'organisation et à l'instruction de ces différentes troupes dans toutes les langues de l'Europe, il serait préparé une expédition maritime, pour transporter en Afrique la nouvelle colonie militaire, et protéger son premier établissement. Il est inutile de dire que l'on aurait fait reconnaître d'avance, sur les côtes de Barbarie, une position propre à la fondation de cette colonie. Ce lieu devrait être favorisé d'un port, près de l'embouchure d'une rivière, et il faudrait que la contrée environnante fût fertile : trois conditions qu'il ne serait pas difficile, comme l'on sait, de trouver réunies sur plus d'un point des côtes septentrionales de l'Afrique.

Mais on pourrait difficilement se flatter que des troupes composées de toutes les langues de l'Europe, qui n'auraient jamais manœuvré ensemble devant un ennemi, qui ne connaîtraient point leurs chefs communs, que de semblables troupes, dis-je, pussent avoir, dès qu'elles seraient réunies, l'ensemble et la discipline qui préparent le succès des armées.

C'est pourquoi, outre les troupes de l'Ordre dont nous venons de parler, il serait formé des anciennes troupes des cinq ou six principales puissances de l'Europe seulement, une armée qu'on appellerait armée d'expédition. Les Etats de second et troisième rang fourniraient leurs contingens à cette armée en argent, ou en approvisionnemens, transports, etc.

Cette armée prendrait la tête du débarquement, chasserait l'ennemi devant elle, le tiendrait éloigné, se porterait sur les foyers de sa puissance, les détruirait; ou plutôt, après avoir fait tomber leurs moyens de résistance, se mettrait en position de les détruire à volonté.

Pendant ce temps-là, les troupes de l'Ordre, sous le nom d'armée d'occupation, se logeraient et se retrancheraient dans les postes que l'on aurait désignés d'avance, pour être occupés et conservés par la colonie.

Toutefois les différens corps de cette seconde armée entreraient successivement en ligne, avec l'armée d'attaque, pour prendre une part active à la guerre, et mieux apprendre à connaître l'ennemi qu'ils seraient bientôt destinés à combattre seuls.

Quels que fussent les succès des armes dans les premières rencontres, quelque brillans avantages que l'on eût remportés sur l'ennemi, ils ne devraient faire négliger aucun des moyens de prudence propres à assurer l'établissement contre des événemens ultérieurs. L'expédition devrait donc être fournie d'habiles officiers du génie, qui auraient à leur disposition de nombreux bataillons de mineurs, de sapeurs et de pionniers; car on ne saurait trop se persuader de cette vérité, que ce pays devrait être conquis par la pelle et la pioche, ainsi que le monde fut soumis par les Romains.

En effet, il n'en serait pas là comme en Europe, où une victoire vaut une province et un traité de paix qui en garantit la possession, du moins jusqu'à une nouvelle déclaration de guerre, où l'on peut se flatter que, dans l'intervalle, les peuples des pays conquis s'identifieront avec la nation victorieuse, adopteront ses usages et épouseront ses intérêts. Une telle fusion ne serait point à espérer des farouches Musulmans de la Barbarie. La religion et les mœurs les mettent en trop grande opposition avec les Européens, pour que l'on pût se flatter qu'ils devinssent, de long-temps, sujets fidèles d'une colonie chrétienne. Une longue soumission et de grands changemens amenés peu à peu dans leur croyance et dans leurs habitudes, pourraient seuls amortir leur antipathie et les rapprocher de leurs vainqueurs. En attendant cette époque éloignée, il s'agirait de conquérir du terrain en Afrique, et d'y établir un peuple européen (1).

---

(1) Je ne me dissimule pas que plus d'un lecteur, qui peut-être a eu quelque peine à arriver jusqu'ici, pour le coup, refusera d'aller plus loin, ne désirant pas en savoir davantage sur un projet dont la conception lui paraîtra toute chimérique et l'exécution impossible, vu le nombre et la férocité des habitans de cette partie de l'Afrique. Qu'il me soit cependant permis de rappeler ici avec quelle facilité une armée de quarante mille Français a soumis l'Egypte jusqu'aux Cataractes, malgré les efforts des Turcs et des Mamelucks. Si la flotte française n'avait pas été détruite par les Anglais, et que l'armée d'Egypte eût pu conserver ses communications avec la France, jamais la puissance Ottomane, ni celle des Beys n'aurait pu soustraire ce pays à la domination française. Dans l'entreprise dont il est question, on n'aurait point à craindre un pareil malheur, puisque l'expédition se ferait du consentement et même par le concours de toutes les puissances de l'Europe.

Il est trop naturel qu'on m'objecte les mauvais succès des anciennes croisades; mais je dirai qu'ils furent dus principalement à la multiplicité des chefs chrétiens, et au morcellement du territoire conquis en petites souverainetés, ce qui ne cessa d'entretenir la mésintelligence parmi les Européens transplantés en Asie. Le roi, et quelquefois les rois de Jérusalem, celui d'Antioche, les comtes de Tyr et de Tripoli, les Templiers, les Hospitaliers, les Teutoniques, tous étaient jaloux les uns des autres, et agissaient fréquemment dans des intérêts opposés. On n'ignore pas qu'ils allèrent même

Pour cela, dès que le débarquement serait effectué et l'ennemi éloigné, on s'occuperait de faire une en-

---

jusqu'à se faire ouvertement la guerre. Tout porte à croire que si toutes les forces des Croisés avaient été mises sous le commandement d'un seul roi, ou à la disposition d'un seul des Ordres religieux, les Chrétiens se seraient maintenus en Orient. Ce projet fut proposé à Philippe le Bel à l'époque de la destruction des Templiers, et si l'on veut juger de ce qu'aurait pu produire l'union et l'obéissance à un seul pouvoir parmi les Latins en Asie, on n'a qu'à se rappeler ce que firent les Chevaliers Teutoniques dans les provinces situées à l'orient de la Baltique. Ils surent affermir leur domination en Prusse d'une manière inébranlable, jusqu'à ce que l'Ordre se sécularisât lui-même, en adoptant la réformation. Quelque avantage que la discipline et la pratique des armes donnassent à ces religieux guerriers sur les barbares qu'ils avaient à combattre, il est permis de croire que de nos jours la tactique des troupes européennes leur assurerait encore plus de supériorité sur les Maures et Arabes d'Afrique, que les Chevaliers Teutoniques n'en eurent jadis sur les peuples du Nord. On doit considérer, en outre, la différence des ressources à ces deux époques. Dans la première, l'Allemagne seule fournissait aux entreprises de ses Chevaliers; ici, ce serait toute l'Europe qui concourrait à fonder et soutenir une puissance nouvelle en Afrique; mais puissance unique et indépendante.

Je sais que l'on pourra me dire que les Hospitaliers de Jérusalem, devenus Chevaliers de Rhodes, et formant alors le seul Ordre militaire, et presque la seule puissance latine

ceinte fortifiée, qui renfermerait le lieu destiné à recevoir une ville; on s'assurerait, par des ouvrages

---

dans le Levant (1), ne purent se maintenir long-temps à Smyrne, point par lequel ils avaient cherché à reprendre pied sur le continent de l'Asie, et furent même chassés de Rhodes. Mais je prierai d'abord que l'on considère à quelles puissances colossales ils eurent affaire : à Tamerlan et à Soliman; puis on voudra bien se rappeler que, s'il est vrai qu'à cette époque les Hospitaliers n'eussent plus pour rivaux et pour ennemis les Templiers, et eussent même été mis en possession d'une partie des biens de cet Ordre si puissant, plusieurs circonstances concoururent pour que cet événement n'ajoutât point à leurs forces réelles : 1° Ces grandes richesses étaient toutes en Europe, et y retenaient un trop grand nombre de Chevaliers, comme on peut s'en convaincre par les ordonnances réitérées des Grands-Maîtres, pour avertir les Commandeurs et autres Chevaliers de se rendre au chef-lieu de l'Ordre. Toutefois la certitude de quelques démonstrations d'un ennemi qui menaçait l'île, ou de quelques armemens préparés dans les ports de la religion, pour des entreprises qui offraient des dangers et de la gloire, les trouvait toujours dociles aux *citations* de leur chef; mais

(1) Le royaume de Chypre subsistait encore, mais ce trône feudataire du soudan d'Egypte, disputé entre les faibles héritiers des Lusignan et les Vénitiens, était sans force et sans considération. La république de Venise était encore puissante dans les mers de la Grèce : elle possédait Candie, Négrepont, etc.; mais les intérêts de commerce prévalaient à cette époque dans son conseil sur les autres considérations, et elle ne faisait guère cause commune avec les Latins.

détachés, des postes qui pourraient commander la ligne des fortifications de la place. Dans l'intérieur de

---

les grandes distances et la mer trompaient parfois leur zèle. 2° L'épouvantable catastrophe des Templiers avait trop appris aux Chevaliers de St.-Jean de quelle importance il était pour eux de se maintenir en bons termes auprès du Pape et des souverains de l'Europe. Aussi voit-on qu'ils employaient une grande partie de leurs richesses à se ménager les bonnes grâces des cours, ce qui affaiblissait beaucoup les produits des *responsions* pour le commun trésor. 3° A cette époque plusieurs souverains créèrent des Ordres royaux, auxquels ils réunirent une grande partie des Commanderies des Chevaliers de St.-Jean. 4° Enfin si les Papes, en beaucoup d'occasions, avaient rendu de grands services aux Hospitaliers, ils portèrent, surtout vers ce temps-là, de fortes atteintes à la puissance et à la discipline de l'Ordre, en s'immisçant trop dans sa police intérieure; en couvrant trop souvent de leur protection des Chevaliers rebelles aux ordres du Grand-Maître ou aux décisions des Chapitres généraux, jusque-là que pendant le schisme qui affligeait l'Eglise, le pape Urbain VI se crut le pouvoir de nommer un Grand-Maître, tandis que l'Ordre en avait déjà un à sa tête nommé par le Couvent, et établit ainsi un schisme dans l'Ordre, comme il y en avait un dans l'Eglise.

En descendant à des époques postérieures, on voit, il est vrai, les Chevaliers de Malte ne pouvoir conserver Tripoli d'Afrique, dont Charles-Quint leur avait, en quelque sorte, imposé la garde, malgré leur répugnance, lorsqu'il leur donna Malte et Goze. Mais cette place était sans défense, et l'Ordre, à peine assis à Malte, était loin d'être assez puis-

l'enceinte, on élèverait à la hâte des maisons de bois, mais dans un ordre symétrique. Ces maisons auraient

---

sant pour se mettre à l'abri d'insulte dans cette île, et relever en même temps les fortifications de Tripoli. Les Hospitaliers réitérèrent plusieurs fois à l'empereur les instances les plus vives pour qu'il se chargeât des réparations indispensables à cette place. Ce prince, trop occupé des affaires d'Europe, ne leur accorda jamais leur demande, et il fut impossible aux Chevaliers de sauver un poste si faible attaqué par les forces redoutables de Soliman, et dans lequel il ne se trouvait qu'un très-petit nombre de guerriers chrétiens, pour repousser les ennemis du dehors et contenir ceux du dedans, non moins dangereux que les autres. L'empereur, fort affligé de cette perte, mais ne pouvant se dissimuler qu'elle était due à l'obstination qu'il avait mise à obliger les Chevaliers à se charger de la garde d'une place qui n'était pas défendable, crut pouvoir réparer sa faute, en leur faisant offrir Méhédia, ville alors très-forte; car ce grand prince, dont l'habileté en politique égalait l'ambition, avait fortement à cœur, et non sans grande raison, d'établir les Hospitaliers sur le continent même de l'Afrique. Mais les commissaires de l'Ordre, qui furent envoyés pour prendre connaissance de l'offre qui leur était faite, rapportèrent que les fortifications de cette ville étaient d'une trop grande étendue pour les forces actuelles des Chevaliers, et qu'en outre, le port ne pouvait admettre de gros vaisseaux. Ces considérations, et surtout la dernière, qui laissait voir la possibilité pour cette place d'être privée de communication avec l'Europe en cas de siége, déterminèrent l'Ordre à refuser la proposition de

été préparées d'avance en Europe, en Russie, par exemple, et on en aurait transporté les pièces numérotées

---

l'empereur, quoique, sous beaucoup de rapports, elle présentât de grands avantages.

Il ne serait donc pas raisonnable de conclure, des difficultés qui empêchèrent jadis les Hospitaliers de se fixer sur le continent d'Afrique, qu'un pareil établissement soit à jamais impossible. On ne peut certainement pas comparer la résistance présumable des Etats barbaresques, abandonnés et presque désavoués de la Porte, avec celle qui devait résulter des forces du terrible Soliman, conduites par des hommes tels que Barberousse et Dragut, et il y a encore moins de ressemblance entre l'état actuel de la marine et de l'artillerie des Européens vis-à-vis celles des régences d'Afrique, et ce qu'elles étaient au seizième siècle. Enfin, si nous mettons en opposition le concours de toutes les puissances chrétiennes et l'état de paix dans lequel elles vivent dans ce moment, avec les guerres continuelles que Charles-Quint, le plus grand et presque le seul protecteur de l'Ordre à cette époque, eut à soutenir en Italie, en France, en Allemagne, contre François Ier, Henri II, et les Protestans de la confession d'Augsbourg, on se convaincra que les exemples tirés du passé ne peuvent raisonnablement pas faire préjuger sur ce qui serait tenté aujourd'hui, parce qu'il n'y a point parité dans les circonstances. La seule difficulté au projet que j'ose proposer ici est de le faire vouloir. Une fois consenti, les obstacles sont nuls comparés aux moyens d'exécution. Les motifs qui doivent déterminer les puissances de l'Europe à y concourir sont exposés dans le corps de ce petit ouvrage.

en Afrique. On aurait eu soin d'y proportionner la hauteur des appartemens à la chaleur du climat pour lequel elles seraient destinées. Les premières maisons construites seraient occupées par les diverses administrations de l'Ordre et de l'armée, par les vivres et fournitures de toute espèce. A mesure qu'on en élèverait de nouvelles, on y logerait successivement tous les individus composant la colonie.

Mais ce serait surtout à l'établissement des hôpitaux, que des soins particuliers seraient prodigués. Il y en aurait un du côté de la mer et un du côté de la terre, spécialement consacrés à la peste du Levant.

En attendant que les troupes réservées pour la sûreté de la place pussent avoir des casernes, elles camperaient sous des tentes, entre les maisons et les retranchemens. Elles auraient, devant les camps, de vastes places d'armes, où elles se réuniraient, en cas d'alerte.

A mesure que l'établissement prendrait de la consistance, les constructions en bois seraient remplacées par des bâtimens en pierre, plus convenables au climat.

Hors de l'enceinte des fortifications, il y aurait un endroit découvert et commandé par quelqu'ouvrage avancé, qui servirait de marché pour traiter avec les habitans du pays, dans les intervalles des hostilités, lorsque des mesures sanitaires n'en empêcheraient pas.

Des commissaires, accompagnés d'interprètes, veilleraient avec le plus grand soin à ce qu'il ne fût fait aucune injure à ces habitans, et à ce qu'ils ne fussent point trompés. On punirait sévèrement les Chrétiens qui useraient de mauvaise foi à leur égard.

Mais le but de la grande expédition européenne n'étant pas seulement d'établir un port et un comptoir fortifiés sur la côte d'Afrique, mais d'y fonder une colonie, qui dût s'y étendre indéfiniment, dès qu'on aurait convaincu les habitans du pays de l'inutilité de leurs efforts pour en chasser les Chrétiens, à partir de l'extrémité des glacis des ouvrages les plus avancés, il serait marqué un terrain tout autour de la ville, pour lui servir de banlieue. Ce terrain appartiendrait à l'Ordre, qui pourrait en disposer pour des établissemens publics, ou le louer à des habitans de la ville. Pour les emplacemens des constructions qui pourraient être élevées sur ce terrain, on se conformerait aux mesures de sûreté militaire. Au delà de la banlieue, il serait pris une autre large bande de terre qui serait terminée par une enceinte consistant dans un large fossé bordé d'un haut parapet, avec des châteaux fortifiés de distance en distance.

Ces châteaux s'appelleraient des Chevaleries. Les terres comprises, entre les limites extérieures de la banlieue, et l'enceinte dont nous venons de parler, seraient partagées entre ces châteaux, et formeraient les dotations des Chevaliers. Il serait attribué à chaque château, autant de terres en dehors de l'enceinte qu'en dedans, mais sur ces terrains extérieurs il ne serait élevé aucune habitation ni bâtisse quelconque; il n'y serait souffert aucune plantation d'arbres ni arbustes, afin que les ennemis ne pussent s'approcher de l'enceinte qu'à découvert. En dedans, au contraire, seraient les habitations rurales, et les plantations convenables au climat. A mesure que l'enceinte serait portée en avant, il serait ordonné aux Chevaliers de planter en bois une partie des terres de leurs dépendances qui s'y trouveraient renfermées. D'autres châteaux seraient élevés sur l'extrême limite, et de nouveaux terrains leur seraient attribués.

Les terres de chaque Chevalerie seraient divisées en un certain nombre de fermes ou de métairies qui seraient mises en valeur par des cultivateurs que l'on attirerait d'Europe en Afrique, par des conditions avantageuses. Dans chaque métairie, il serait élevé une maison qu'on appellerait vétérance, et à laquelle serait affectée une certaine étendue de terrain. Ces maisons seraient destinées à recevoir des vétérans, soit marins, soit soldats qui auraient servi l'Ordre, et que l'on récompenserait ainsi; mais ils ne les obtiendraient qu'à la condition de se marier. Ces vétérans pourraient eux-mêmes entreprendre l'exploitation des métairies.

Les habitations des vétérans et des colons seraient entourées d'un large fossé et d'une forte haie, et bâties autant que possible en pierre, pour qu'elles fussent d'autant mieux à l'abri d'une surprise de voleurs : (1) car on devrait bien s'attendre que la plus grande surveillance sur la ligne extérieure n'empêcherait pas quelques Maures et Arabes de la franchir de temps en temps. En cas d'alarmes plus sérieuses, les colons se retireraient dans le château du Chevalier. Enfin, si l'on apprenait que l'ennemi eût forcé les lignes, en grand nombre, sur quelque point, la population non armée et les effets mobiles seraient retirés dans la ville.

Les Chevaleries seraient des propriétés héréditaires, inaliénables, transmissibles, par droit de primogéniture, de mâle en mâle. Les cadets et les filles n'auraient droit qu'à l'entretien dans la maison paternelle. Au

---

(1) Ces détails de prévoyance pourront paraître superflus à beaucoup de personnes, mais peut-être pas à celles qui savent que dans la Syrie, où l'on a aussi des Arabes pour voisins, les maisons ont généralement des portes très-basses, pour que les Arabes n'y puissent pas entrer à cheval ; quelquefois même il n'y a point de portes du tout. On entre dans la maison et on en sort par une échelle que les gens de l'intérieur descendent par une fenêtre, au besoin, et qu'ils retirent ensuite.

défaut d'héritier mâle, la Chevalerie retournerait à l'Ordre qui en disposerait en faveur d'un nouveau Chevalier (1).

---

(1) Tout château de Chevalier, étant un poste militaire, ne pourrait point naturellement être occupé par une femme. Si l'on fait attention à ce mode de distribution de terres aux Hospitaliers, on se convaincra qu'il n'y en a pas de plus propre à favoriser la puissance et l'extension de l'Ordre, sans donner jamais aux particuliers une richesse qui puisse les rendre dangereux à l'Etat. Les Chevaleries seraient suffisantes pour entretenir largement une famille; mais comme elles seraient inaliénables, un seul individu ne pourrait pas en réunir plusieurs dans sa possession. Appartenant en entier au premier fils du Chevalier, il faudrait que les cadets attendissent de nouvelles distributions pour devenir propriétaires. De là, un zèle qui ne se ralentirait jamais dans la jeunesse pour l'agrandissement du territoire de l'Ordre; on la trouverait toujours prête d'elle-même à de nouvelles entreprises; enfin les filles, n'ayant point de dot, seraient intéressées à entretenir les jeunes guerriers dans le désir des conquêtes territoriales, qui seules pourraient leur procurer des établissemens. Il est permis de croire qu'elles ne négligeraient pas d'user de leur puissante influence pour le bien commun. Nous ajouterons qu'étant toutes également sans dot, aucune ne pourrait se flatter d'être recherchée de préférence, que pour ses agrémens et sa bonne réputation. De là, une louable ambition parmi le beau sexe de la colonie, de perfectionner, par l'éducation, les dons de la nature, de s'orner l'esprit de richesses morales, et de conserver en même temps, au milieu de ces moyens de plaire, une conduite qui écartât toute défiance.

Après la mort des Chevaliers, leurs veuves et leurs filles non mariées recevraient une dot de l'Ordre, et il y aurait dans la ville un Chapitre de dames où elles vivraient réunies. On recevrait aussi dans ce Chapitre, les filles des Chevaliers vivans, qui auraient une famille trop nombreuse pour la soutenir toute entière. Les filles en se mariant ne recevraient aucune dot de leur père; mais elles n'en auraient pas besoin, parce que l'Ordre ne faisant de concessions territoriales qu'aux Chevaliers qui se marieraient, ce serait en quelque sorte la femme qui porterait la propriété à son mari.

Les vétérances seraient des bénéfices militaires à vie; l'Ordre pourvoirait à l'existence des veuves et des filles non mariées des vétérans. Leurs fils seraient élevés aux frais de l'Ordre dans une école qui leur serait exclusivement affectée, et ils y recevraient une éducation solide qui les mettrait à même de se choisir un état. Mais ce ne serait pas assez que d'avoir assuré aux soldats qui s'engageraient au service de l'Ordre une retraite honorable qui les mît à l'abri de tout besoin; ce ne serait pas assez que d'avoir pourvu après eux à l'existence de leur famille; nous croyons que pour les attirer plus sûrement vers ses bannières, le moyen le plus puissant serait de leur offrir la perspective de se voir un jour eux-mêmes, ou de voir leurs enfans comptés dans les rangs des Chevaliers. Ainsi l'Ordre pourrait décider, dans sa sagesse, quel grade militaire ou quelle succession de grades de père en fils vaudrait à un officier, parti du rang des soldats, d'être admis dans la liste des Chevaliers. Cela suppose que dans chaque bannière, ainsi que dans les troupes de cavalerie, d'artillerie, etc. un certain nombre de places d'officier serait accordé aux soldats. Indépendamment de cette perspective, et outre la vétérance à laquelle tout militaire non Chevalier aurait droit, après un certain temps de service, tous ceux qui seraient devenus officiers auraient en se retirant une pension proportionnée à leur grade.

Au reste nous sommes loin de prétendre ici dicter des règlemens; nous voulons seulement exprimer que nous croyons qu'il serait utile que des règlemens fussent faits dans cette vue.

Lorsque, par la suite, la population européenne se serait étendue, dans cette nouvelle colonie d'Afrique, il serait pris des modes de recrutement pour que le pays pût fournir lui-même à sa défense.

Nous avons déjà dit que les châteaux et leurs dépendances se multiplieraient, à mesure que la puissance de l'Ordre lui permettrait de reculer ses limites; mais lorsque le terrain de la colonie commencerait à s'étendre loin de la ville, il serait choisi de distance en distance des lieux convenables pour y bâtir des villages dans lesquels on attirerait des marchands et des artisans dont l'industrie servirait aux campagnes voisines. Une église paroissiale serait élevée dans chacune de ces bourgades, et on lui attribuerait une circonscription territoriale formée des Chevaleries voisines. Le village serait entouré d'une enceinte qui pût le mettre à l'abri d'un coup de main, et il aurait une petite banlieue dont le terrain serait partagé entre ses habitans. Une portion de terre serait affectée à l'entretien de l'église et de ses desservans; outre les moyens subsidiaires qui seraient réglés par l'Ordre, pour cet objet.

Ces bourgades ne relèveraient d'aucun Chevalier, mais de l'Ordre, et elles seraient sous la police d'un Commandeur.

Enfin, la population, la richesse, la puissance de la colonie le permettant, on bâtirait dans les positions les plus favorables des villes régulières et fortifiées, qui serviraient tout à la fois à vivifier et protéger les campagnes (1).

(1) Les travaux de fortifications que j'impose aux Hospitaliers à chaque fois qu'ils étendent leur territoire de quelques pas, feront peut-être juger que j'oblige ma colonie à une marche bien lente et bien timide. Je conçois sans peine qu'après avoir vu les armées de l'Europe se balancer depuis Paris jusqu'à Moscou, on doit trouver que je m'assujétis à des entraves bien incommod[illegible] mais je répondrai que je veux avancer lentement pour a[illegible]r toujours, et je prierai les

Mais quoique l'Ordre dût s'imposer généralement la loi de proportionner ses conquêtes à sa population, et de ne regarder comme à lui que les terres qu'il pourrait peupler de colons européens de naissance ou d'origine; cependant la politique pourrait lui commander quelquefois de prévenir les attaques de ses ennemis, en portant la guerre chez eux, en s'emparant de leurs places fortes, et en soumettant leur pays à sa domination. Toutes les fois que, par suite d'une expédition de ce genre, les hospitaliers se seraient rendus maîtres d'une ville ennemie, ils en raseraient les fortifications, et élèveraient à côté une citadelle qui commanderait la

---

partisans des expéditions rapides de se rappeler ce qu'il en a coûté à cet homme à qui la victoire a permis, pendant dix ans, de briser des trônes et distribuer des couronnes; ce qui lui en a coûté, dis-je, pour n'avoir regardé que devant lui, et jamais derrière.

D'ailleurs la marche la plus sûre, quand on la suit constamment, est presque toujours celle qui mène le plutôt à de grands résultats. Il n'y a point de bruits de victoire qui rendent un Etat aussi respectable, à la longue, que la réputation de n'avoir jamais cédé de terrain; et celui qui a toujours offert à ses ennemis une résistance insurmontable, les a déjà préparés à craindre de lui une attaque irrésistible. Lorsque toutes les forces de l'Afrique seraient venues plusieurs fois se briser contre les remparts des Chevaliers de St.-Jean, les murs des cités musulmanes tomberaient sans peine à la vue des bannières de la Religion.

ville, et maintiendrait le pays sous l'obéissance. Aucun Maure ni Musulman quelconque, ne pourrait être admis, sous aucun prétexte, dans cette citadelle, non plus que dans aucune ville ou bourgade fermée, appartenant à l'Ordre. Il y aurait toujours hors de l'enceinte des places, un lieu destiné aux marchés, et aux autres communications avec les habitans du pays.

Les villes et provinces, ainsi conquises, conserveraient leur régime intérieur et leurs coutumes; elles seraient seulement assujéties à un tribut, et on les désignerait sous le nom de provinces tributaires : ce qui les distinguerait des terres peuplées par les Chevaliers et les colons européens, lesquelles seraient appelées terres coloniales. Aucun Musulman ne pourrait s'établir sur ces dernières, mais des Chrétiens pourraient, avec l'autorisation de l'Ordre, tenter des établissemens, dans les provinces tributaires.

Nous avons vu que sous le rapport de propriété, les terres coloniales seraient partagées en chevaleries, vétérances et banlieues de communes.

Sous le rapport d'administration, elles seraient divisées en bailliages et commanderies. Un bailliage comprendrait plusieurs commanderies, une commanderie plusieurs chevaleries.

Chaque commandeur serait chargé de veiller à ce que les Chevaliers qui se trouveraient dans son arrondissement fussent toujours prêts à combattre, soit par eux-mêmes, si leur âge et leurs forces physiques le leur permettaient, soit par les gens qui dépendraient d'eux ; à ce qu'ils eussent toujours des armes et des chevaux en bon état, et tinssent les vétérans et les colons, capables de servir, dans l'habitude de l'exercice militaire. Lorsqu'un Chevalier propriétaire se trouverait hors d'état, par raison d'âge ou d'infirmité constante, soit morale, soit physique, de pourvoir à la sûreté de son château, il lui serait adjoint, sur la demande du commandeur, un Chevalier vice-châtelain. Les fils ou les proches parens des Chevaliers invalides seraient choisis de préférence pour ces commissions. Ils seraient remplacés de la même manière, lorsque des fonctions confiées par l'Ordre les tiendraient éloignés de leur chevalerie. Car il ne faudrait pas perdre de vue que cette nouvelle colonie devrait être considérée comme une nation toujours sous les armes, dont les Chevaliers propriétaires, les vétérans et les colons composeraient la force défensive, tandis que les troupes mobiles agiraient offensivement contre l'ennemi.

Le Commandeur visiterait les fortifications des châteaux, des bourgs et de la partie de la limite extérieure comprise dans son arrondissement.

Il aurait une surveillance sur l'instruction publique, en ce qu'il se ferait rendre compte si les Chevaliers, les vétérans, les colons, les habitans des bourgs envoient leurs enfans aux institutions établies pour leurs classes respectives.

Il étendrait également son inspection sur l'agriculture; il noterait les propriétés qui lui paraîtraient florissantes, et celles au contraire qui lui sembleraient négligées. Il chercherait à connaître à quelle cause l'état de ces dernières devrait être attribué. Il provoquerait, selon le besoin, les éloges, les réprimandes, ou les secours du Gouvernement, par l'intermédiaire des Baillis.

Les Baillis feraient à des époques plus éloignées des inspections générales dans les commanderies de leur bailliage, ils vérifieraient les observations des Commandeurs, et instruiraient le Gouvernement de la situation du pays confié à leur surveillance.

Les provinces tributaires qu'on appellerait aussi Gouvernemens extérieurs, ne seraient point divisées ni administrées comme les terres coloniales : elles auraient des Gouverneurs, sous-Gouverneurs et Commandans militaires, sous les ordres desquels seraient les troupes destinées à former les garnisons et maintenir le pays. Il y aurait, dans chaque Gouvernement, un intendant des tributs et des questeurs selon le nombre des districts. Les Gouverneurs et les intendans seraient nommés et rappelés à volonté par le Gouvernement;

mais il y aurait, dans chaque chef-lieu de Gouvernement, un conseil permanent composé de Chevaliers mariés et propriétaires, qui se renouvellerait partiellement.

Après avoir donné une idée du nouveau mode d'établissement de l'Ordre en Afrique et de sa méthode d'extension, nous croyons devoir revenir sur son organisation intérieure, et sur les rapports qu'il devrait conserver avec l'Europe, pour en retirer sans cesse de nouveaux moyens de puissance, jusqu'à ce qu'il eût acquis une population et une richesse, qui lui permissent de se confier aux seules forces que lui fournirait le sol de l'Afrique.

Nous avons déjà fait connaître que, dans les intervalles des Chapitres généraux, le Gouvernement résiderait dans le Grand-Maître, et dans les conseils des Baillis et des Commandeurs. Les Hospitaliers de ces deux grades supérieurs ayant renouvelé et perpétué leurs vœux, ne pourraient se marier ni devenir propriétaires. Ils auraient un traitement fixe comme membres de l'un ou de l'autre conseil, et des appointemens variables, selon les commissions qui leur seraient confiées.

Mais il conviendrait à la puissance et à la dignité de l'Ordre, que son chef suprême fût entouré de grands fonctionnaires chargés de recevoir, transmettre, et faire exécuter les décisions du Gouvernement.

Ces grands dignitaires pourraient être un grand Aumônier, un grand Hospitalier, un grand Chancelier, un grand Banneret, un grand Amiral, un grand Trésorier.

Le grand Aumônier serait le chef du clergé tant pour l'administration des travaux ecclésiastiques dans les terres de la colonie, que pour les missions du dehors, dont nous parlerons. Il serait évêque du chef-lieu de l'Ordre.

Le grand Hospitalier aurait la surintendance générale des établissemens sanitaires et de charité, ainsi que des maisons d'éducation, tant pour le personnel que pour le matériel. Il aurait droit de censure et d'admonition envers les Hospitaliers de tout grade : lorsque ses avertissemens n'auraient pas empêché le scandale qu'il aurait voulu prévenir, il dénoncerait le désordre au Grand-Maître et aux conseils. Ce serait sous son inspection que se dresseraient annuellement les tableaux de la situation de la colonie. Il recevrait les déclarations des Chevaliers qui voudraient se marier et par conséquent devenir propriétaires. Instruit par ces demandes du nombre de nouvelles chevaleries qu'il deviendrait nécessaire de créer, il en rendrait compte au Grand-Maître, et le Gouvernement déciderait en conséquence, de la quantité de terrain qu'il conviendrait d'ajouter aux terres de la colonie par le reculement des frontières; déterminant en même temps le point de départ et la direction de cet accroissement de territoire.

Le grand-Chancelier. Son titre fait assez connaître ses attributions.

Le grand-Banneret (1) serait commandant général des troupes de terre, quand le Grand-Maître ne commanderait pas en personne. Il aurait sous lui quatre chefs d'armes : le colonnel général de l'infanterie, le maître de camp général de la cavalerie, le directeur général de l'artillerie, et l'inspecteur général du génie.

Le grand-Amiral aurait le commandement en chef des forces de mer, et l'inspection supérieure des ports et arsenaux de la marine.

Le grand-Trésorier aurait la garde du trésor de l'Ordre, et la surintendance des finances.

Les six Grands Dignitaires seraient membres du conseil des Baillis.

Les attributions des grands dignitaires, et les fonctions réservées aux Baillis et aux Commandeurs étant connues, il s'en suit naturellement que tous les autres offices de l'Ordre seraient exercés par des Chevaliers.

---

(1) Je ferai connaître dans des notes supplémentaires, renvoyées à la fin du livre, les motifs qui me portent à proposer un changement dans les titres et même dans les attributions des grandes dignités.

Il serait inutile d'entrer ici dans aucun délai à ce sujet. Ce que nous avons dit, suffit pour faire concevoir l'organisation de l'Ordre, et sa position en Afrique.

Ses établissemens en Europe ne seraient que des pépinières pour fournir des sujets à la grande colonie d'Afrique. Dans chaque circonscription territoriale affectée à une langue, il y aurait une école de l'Ordre, où les jeunes gens qui auraient obtenu l'agrément de leur souverain pour y être admis, seraient instruits dans la religion, les lettres, les mathématiques, les sciences physiques, l'exercice militaire et la gymnastique. Ils seraient entretenus dans ces écoles depuis l'âge de 10 ans jusqu'à 20. Mais ce temps d'études partagé en deux époques, serait parcouru dans deux maisons tout-à-fait séparées. La première renfermerait les élèves de 10 à 15 ans, la seconde ceux de 15 à 20. Ces derniers pourraient être appelés par l'Ordre, dès leur 18.e année. De pareilles écoles seraient établies par la suite en Afrique, pour les fils des Chevaliers. Les chefs de ces écoles seraient des Baillis, des Commandeurs des chevaliers commissionnés et pensionnés par l'Ordre. Du reste la fondation et l'entretien de l'école seraient entièrement à la charge des souverains.

A la tête de chaque langue, il y aurait deux Baillis avec le titre de lieutenant du Protecteur, l'un en Europe, l'autre en Afrique; ils seraient chargés d'exposer au prince les besoins et les réclamations de la langue placée sous son protectorat ; et de transmettre à la langue les bienfaits et les grâces du prince.

Mais nous ne perdons point de vue que nous voudrions fixer et multiplier en Afrique une race européenne. Nos soins doivent donc se porter à y former des ménages. Les Chevaliers qui auraient la perspective certaine d'une propriété, sous la condition de se marier, trouveraient facilement en Europe des filles pauvres, mais assorties à eux par l'éducation et les autres convenances sociales, qui consentiraient à se lier à leur sort et à les suivre en Afrique. Ces mariages, toutefois, devraient être approuvés par le Grand-Hospitalier, auprès duquel il y aurait une commission à laquelle chaque Chevalier qui voudrait se marier ferait connaître le nom, la famille, la condition, le lieu de naissance et le domicile de la personne qu'il se proposerait d'épouser. Cette déclaration devrait être faite à l'avance, selon l'éloignement ; mais le Grand-Hospitalier pourrait accorder la permission du mariage avant l'expiration du terme.

Quant aux soldats et aux marins, ainsi qu'aux cultivateurs et artisans, il serait trop contraire à leurs intérêts et à ceux de l'Ordre, qu'ils fussent obligés de repasser en Europe pour y chercher des femmes. Afin qu'ils pussent en trouver en Afrique, il serait établi, dans un certain nombre de villes maritimes de l'Europe, des hospices dirigés par des dames et des sœurs hospitalières, et dans lesquels on recevrait des enfans du sexe féminin appartenant à des parens pauvres, mais de bonnes mœurs, et mariés légitimement. Ces petites filles seraient admises dans ces couvens, depuis l'âge de trois ans jusqu'à six. De huit à dix ans, elles seraient transportées en Afrique par petites troupes, sous la conduite d'une dame et de quelques sœurs hospitalières. Là elles seraient reçues dans un autre couvent semblable à ceux d'Europe, et continueraient à être élevées dans l'instruction de la religion et dans l'apprentissage des travaux convenables à leur sexe et à leur condition. De seize à dix-huit ans elles sortiraient à mesure qu'elles seraient demandées, soit en mariage, soit pour entrer comme ouvrières ou comme domestiques chez les habitans de la Colonie. Dans l'Hospice d'Afrique, on recevrait de jeunes filles maures dont les parens se seraient convertis et offriraient eux-mêmes leurs enfans.

Mais les effets de ces établissemens ne pourraient se faire sentir que dans plusieurs années. On devrait donc attirer autant que possible en Afrique des familles entières de cultivateurs et d'artisans de diverses professions. On rechercherait surtout les familles où il y aurait plusieurs filles. Pour les faire parvenir dans la Colonie, il y aurait dans les mêmes villes maritimes dont nous venons de parler, des agens de l'Ordre chargés de recueillir ces émigrans, et de les faire transporter en Afrique. Ces villes pourraient être : Trieste, Civita-Vecchia, Marseille, Valence, Lisbonne, Corck, Ostende et Hambourg.

Le nom de Joannopolis conviendrait assez au chef-lieu de l'Ordre en Afrique. Au reste, quelque nom qui fût donné à cette ville, tout devrait y rappeler l'esprit de charité et de dévouement qui présida jadis à l'institution des Hospitaliers. Le Lazaret et les autres hôpitaux y seraient ouverts à toutes les nations indistinctement. Tous les malades pauvres y seraient traités gratuitement (1), et entretenus même après le recouvrement de leur santé, aux dépens de l'Ordre, jusqu'à ce qu'il se trouvât une occasion de les renvoyer dans leur pays, ou de les placer, de leur consentement, sur un bâtiment de leur nation. Aucun homme qui aurait été retenu ainsi en Afrique par cause de

---

(1) Afin qu'il n'y eût pas de doute, au loin, sur le zèle des officiers de santé et employés subalternes à remplir leur devoir envers les malades pauvres, il pourrait être payé par le trésor une gratification par chaque homme rendu à la santé, et sortant de l'hôpital. Ces gratifications seraient mises en masse et distribuées aux employés de l'hôpital, au prorata de leurs traitemens fixes.

maladie, ne pourrait se fixer sur les terres de l'Ordre sans l'autorisation de son gouvernement, afin que l'on ne pût pas supposer en Europe, qu'il y aurait été retenu par force.

Par suite de cette même charité, tout pavillon poursuivi par un ennemi quelconque serait reçu et mis à l'abri dans les ports de la Religion. Les seuls pirates et les forbans seraient repoussés de cet asile.

Les bâtimens de commerce de toutes les nations seraient admis indistinctement dans les ports des Hospitaliers : tous y paieraient les mêmes droits; aucune marchandise ne serait prohibée, ni pour l'entrée, ni pour la sortie. Cette liberté absolue toutefois serait sans préjudice à l'exacte observation des réglemens sanitaires.

Dès que les Chevaliers hospitaliers auraient des chantiers et des arsenaux capables de fournir à l'entretien d'une marine qui pût les faire respecter des Barbaresques, ils seraient tenus d'avoir, sans cesse, en mer, des vaisseaux ou des galères pour donner la chasse aux corsaires, et observer leurs ports. Nous croyons en outre, qu'il serait utile que toutes les nations navigantes consentissent à leur abandonner une police de santé, au moins sur les bâtimens de commerce.

L'Ordre, en étendant les terres de la colonie vers l'intérieur de l'Afrique, forcerait les Maures à reculer devant lui, mais ne ferait point d'esclaves. Il ne persécuterait pas les habitans pour cause de religion, dans les gouvernemens extérieurs; il n'en forcerait aucun à se faire chrétien ; il ne ferait point enlever les enfans pour les élever dans la religion chrétienne.

Des ecclésiastiques attachés à l'Ordre, sous le titre de prêtres d'obédience, chapelains, ou toute autre dénomination, instruits d'avance dans la langue du pays, seraient seuls chargés d'attirer les peuples à la vraie Foi, par la force seule de la parole. Ils seraient également chargés de racheter les captifs chrétiens tombés entre les mains des Barbaresques. Il serait bon que ces missionnaires eussent quelque connaissance de la médecine pour être admis plus facilement chez ces peuples ombrageux. On leur fournirait même les moyens d'établir dans les villes et les campagnes des Maures de petits hôpitaux où ils traiteraient gratuitement les malades, afin d'amener ces barbares par la charité (1)

(1) On dira peut-être que j'ai mauvaise grâce à parler ici de charité, lorsque je prêche une croisade pour forcer les habitans de la côte d'Afrique à céder une portion de leur territoire à des étrangers qui n'y ont nul droit.

Ce n'est pas parce qu'ils sont Musulmans, que je veux repousser les Barbaresques loin des côtes de la Méditerranée; c'est parce qu'ils se sont constitués en état permanent d'hostilité contre les peuples de l'Europe ; parce qu'ils ravagent

à une religion qui en recommande si éminemment la pratique.

---

nos côtes, et y enlèvent des esclaves qu'ils rendent les plus misérables des hommes; parce qu'ils viennent tout récemment d'employer, pour se rendre redoutables, le moyen infernal de s'armer de la peste sur leurs vaisseaux, et d'en menacer toutes les plages de l'Europe : expédient dont une nation aussi ignorante et aussi fanatique peut seule user. Voilà, certes, des motifs suffisans pour justifier le projet de ligue que je propose, et en rendre la cause sacrée aux yeux de tout ami éclairé de l'humanité. Que si, après avoir domté l'orgueil féroce de ces barbares, je puis, par la seule force de la parole, par l'exemple de vertus nouvelles pour eux, les amener au désir de connaître une religion qui commande ces vertus; si je puis leur en faire adopter le dogme et la morale, je croirai avoir encore mieux mérité de l'Afrique que de l'Europe.

Certes, je suis loin de penser qu'il soit légitime, qu'il soit chrétien de porter la religion chez un peuple, avec le fer d'une main et la torche de l'autre; mais si, après une patience de plusieurs siècles, vous vous déterminez enfin à punir d'innombrables et outrageuses agressions, dont l'honneur national et la politique réclament à l'envi le châtiment, pourquoi, lorsque vous aurez réduit votre ennemi à l'impuissance de vous nuire, n'essayeriez-vous pas de préparer un adoucissement au sort des vaincus, en leur proposant une religion qui, outre les consolations qu'elle apporte et les biens qu'elle promet à ceux qui l'écoutent, leur présenterait ici l'inestimable avantage de les établir de suite en une communication plus facile et plus confiante avec les vainqueurs?

Dans les terres de la Religion, il ne serait permis à qui que ce fût d'employer à son service des noirs ou

---

Car la communauté de religion amène, plus qu'aucune autre cause, la ressemblance et la sympathie des mœurs. Il y a plus de rapprochemens de mœurs, par exemple, entre les Polonais et les Andalous, qu'entre ceux-ci et les peuples dont ils ne sont séparés que par le détroit de Gibraltar, indépendamment des dissemblances produites par l'infériorité de civilisation des Maures d'Afrique. Que l'on réfléchisse à la prodigieuse discordance de mœurs que doit établir le seul article du mariage entre un peuple à qui sa religion permet la polygamie, et un autre à qui la sienne l'interdit. Chez le premier, les femmes sont esclaves, renfermées, oisives, ou du moins ne travaillent que dans l'intérieur des maisons; il leur faut des gardiens; ces gardiens doivent être des eunuques: chez l'autre, les femmes sont libres, maîtresses de leur choix; elles peuvent posséder, disposer; des liens moraux sont substitués, pour elles, aux gardiens et aux verroux; elles partagent plusieurs travaux extérieurs avec les hommes; elles paraissent au dehors sans crainte, parce que la foi publique les protége, et sans scandale, dès que leur renommée est garante de leurs intentions. Chez ce dernier peuple enfin, aucun homme n'est mutilé pour être destiné à la garde des plaisirs d'un autre homme. Je le demande, que de motifs de gène, d'ombrage, de jalousies, de mépris réciproques, de haines, d'incompatibilité enfin entre deux sociétés si différentes! Elles peuvent bien vivre sur le même sol, mais jamais ensemble: c'est ainsi que les Turcs et les Grecs habitent la même contrée; mais les uns sont maîtres, les autres sont esclaves: jamais ils ne feront une seule nation.

gens de couleur. Si une fois cette coutume s'introduisait dans la colonie, les blancs ne tarderaient pas à avoir honte de travailler.

Au contraire, une des principales attentions de l'Ordre serait de mettre tous les arts, et surtout l'agriculture, en honneur. Ne dédaignant point de suivre l'exemple trouvé chez un peuple dont la civilisation a précédé de plusieurs siècles celle de l'Europe, le Grand-Maître tracerait tous les ans quelques sillons avec la charrue, dans un champ dont le produit serait affecté à un hôpital. A son exemple, tous les Chevaliers sauraient conduire cet instrument sacré.

Mais, pour rendre plus constamment sensibles l'intérêt et la grande importance que l'Ordre ferait profession d'attacher à la culture et au perfectionnement des arts, le Grand-Maître serait spécialement désigné comme chef de la corporation des agriculteurs; le patronage des différens arts serait partagé entre les Grands Dignitaires et les Baillis les plus éclairés de l'Ordre : enfin, les divers métiers seraient mis sous la protection des Commandeurs. Ces patronages imposeraient des obligations; mais il serait facile de les rendre honorables et recherchés. Avec de semblables moyens, on ne tarderait pas à voir fleurir toutes les branches de la civilisation sur cette terre aujourd'hui si barbare.

Que l'on considère un moment quel spectacle ce serait pour l'homme éclairé, que de voir dans cette contrée inhospitalière, livrée à l'ignorance et au fanatisme, une colonie formée de tous les peuples de l'Europe, dont chacun porterait avec lui le genre d'industrie dans lequel il excelle, et le ferait servir au bien de la nouvelle société !

Mais si l'ami des sciences et surtout de l'humanité se complaisait à la vue de l'heureuse métamorphose opérée en Afrique, nous croyons que plus d'un politique en deçà des mers se réjouirait de voir ce nouveau débouché offert à la population européenne.

Le perfectionnement de l'agriculture et des arts en Europe, a ramené dans les contrées qui ont fait le plus de chemin dans la civilisation, une maladie, qui, à d'autres époques, eut au contraire pour cause l'état de barbarie : je veux dire la disproportion entre le nombre des habitans, et les moyens de les alimenter et surtout de les occuper.

Lorsqu'autrefois, dédaignant le travail de la terre, les peuples de la Gaule et de la Germanie, par exemple, ne cherchaient leur subsistance que dans les produits de la chasse, de la pêche et de l'éducation des bestiaux, ils avaient bientôt épuisé une vaste contrée avec une faible population, et il fallait ou que toute une nation changeât de place, ou qu'elle forçât une partie de la jeunesse à s'éloigner pour dégrever un sol qui n'avait que des productions spontanées à offrir à ses habitans.

Aujourd'hui que, dans ces mêmes pays, presque toute terre fertile se trouve cultivée, et qu'une seule charrue suffit à nourrir plusieurs familles; que toutes ces familles peuvent être vêtues par le travail d'une seule machine, combien ne doit-il pas y avoir d'individus, les uns dispensés de travailler, les autres repoussés du travail?

Aussi voyons-nous le besoin de l'émigration se faire sentir de plus en plus fortement. Les récits des souffrances et même des catastrophes qu'ont éprouvées les premiers voyageurs n'arrêtent pas ceux qui marchent derrière eux. Le besoin, plus impérieux encore que le danger, les chasse de la terre natale, vers des contrées où du moins le sol ne manquera pas à l'homme laborieux. Mais combien de peines, d'incertitudes les attendent sur ces terres lointaines, où rien n'est préparé pour les recevoir! A quelles dures conditions n'y sont-ils pas souvent assujétis, pour obtenir ce travail qu'ils sont venus chercher, à travers tant de périls et de fatigues!

Dans la nouvelle colonie dont il est ici question, les émigrations n'arriveraient qu'à mesure des besoins de l'Ordre; mais ces besoins iraient toujours croissant, parce que la gloire et la sûreté présente des Hospitaliers leur commanderaient d'éloigner de plus en plus leurs ennemis de leurs frontières, et en même temps l'intérêt et la prévoyance dans l'avenir leur conseilleraient de peupler leurs nouvelles conquêtes de sujets d'Europe qui, tout à la fois, serviraient à les faire valoir et à les défendre. Ainsi chaque émigration, déjà établie, préparerait le terrain à celle qui devrait suivre. Chaque année, le Grand-Maître ferait savoir à ses divers agens en Europe, le nombre des colons dont il aurait besoin, pour établir sur les nouvelles terres de la Religion, ainsi que des artistes, ouvriers, marchands, qui pourraient être occupés dans ses nouvelles villes ou bourgades. (1)

---

(1) Il se trouvera peut-être quelques politiques faciles à alarmer, qui, passant d'une extrémité à l'autre, craindraient qu'une colonie si à portée de l'Europe, ne devînt une cause d'épuisement pour les contrées les plus voisines de la Méditerranée. Mais l'opinion que des émigrations volontaires peuvent épuiser un pays sont évanouies, depuis long-temps, pour tous ceux qui ont pris la peine de confronter ce préjugé avec la réalité. Malgré les assertions de plusieurs publicistes, la population de l'Espagne avait presque doublé, depuis Philippe II jusqu'à Charles IV. Sous le premier de ces princes, elle ne passait guère six millions : sous Charles IV elle s'élevait de onze à douze ; et cependant cette péninsule n'avait cessé d'envoyer des colons en Amérique, dans cet intervalle de deux siècles et demi. Et que l'on remarque que

Au reste, quelques frais qu'eût pu occasioner le transport d'un homme ou d'une famille, aucun individu

---

c'étaient positivement les provinces maritimes, celles, par conséquent, qui fournissaient le plus aux émigrations d'outre-mer, telles que la Catalogne, Valence, le Littoral de Grenade et de l'Andalousie, la Galice toute entière, les Asturies, la Biscaye, qui procuraient à l'Espagne cette augmentation toujours croissante dans le nombre de ses habitans, tandis que les provinces de l'intérieur, au contraire, telles que les Castilles, le Léon, l'Estrémadoure offraient des signes de grandes pertes en population et en richesses, que la douce et bienfaisante administration des princes de la maison de Bourbon n'avait pas encore pu réparer. Ce n'est donc point aux émigrations de ses sujets vers l'Amérique que l'Espagne dut la dépopulation de ses provinces du centre, mais à l'accumulation trop subite, autour du siége du gouvernement, d'une prodigieuse quantité de métaux précieux, qui fit perdre de vue cette grande vérité, que la richesse d'un Etat ne peut être fondée sur autre chose que sur l'agriculture et l'industrie, et qui malheureusement put dispenser, pendant quelque temps, de soigner ces deux sources précieuses, ce qui fut cause qu'on les laissa presque tarir. Les provinces maritimes ne partagèrent point cette erreur, et leur prospérité ne cessa de croître.

Si nous jetons les yeux sur ce qui s'est passé ailleurs, nous verrons qu'à aucune époque, il n'est sorti autant d'émigrans des Iles Britanniques que depuis vingt ans, et dans ces vingt années, l'Angleterre a acquis, en Europe, un accroissement de population de deux millions d'habitans.

La Hollande n'a jamais été plus peuplée que quand elle

ne devrait être retenu, contre son gré dans la colonie, que pour cause de délit, ou de dettes contractées envers des particuliers.

---

peuplait elle-même les Indes. Aujourd'hui c'est l'Angleterre qui essaime ses habitans dans les deux Indes et dans l'Océan Pacifique, et la mère-ruche regorge toujours.

On peut affirmer que, loin de nuire à la population, les émigrations libres la favorisent. Par cela même qu'elles présentent un remède continuel à ses excès, elles lui permettent d'atteindre sans danger son maximum. Une ressource offerte aux enfans est, sans contredit, le plus grand encouragement pour les mariages.

Supposons un peuple à qui toute ressource d'émigration serait interdite, le gouvernement qui le régirait devrait certainement faire tous ses efforts pour maintenir le nombre des habitans en deçà de ce que le produit moyen de ses récoltes pourrait nourrir; autrement, la moindre intempérie, non prévue, le jetterait dans de cruelles alarmes. Je sais bien que partout ces exemples sont fréquens, et que comme toute la société ne souffre pas également, ceux qui sont moins atteints du mal maintiennent les autres dans le calme; mais la souffrance existe, et avec elle le découragement, la crainte de l'avenir, et par conséquent, une diminution dans le nombre des mariages. La consommation des denrées devenant moindre, l'abondance des années suivantes devient superflue; on cultive moins : c'est un état de contraction. Un peuple, au contraire, qui peut coloniser est dans un état continuel d'expansion. Je répète que je ne parle ici que des émigrations volontaires. De grandes expulsions, qu'elles soient ou non

Après avoir fait envisager les avantages importans que la religion, l'humanité, le commerce, la politique pourraient retirer de l'établissement et de la colonisation de l'Ordre des Chevaliers Hospitaliers sur le continent de l'Afrique, on ne peut présenter les intérêts des sciences et des arts à cette entreprise, que comme des objets d'une faible considération.

Cependant, si l'on se rappelle ce que fut cette terre d'Afrique sous les Carthaginois et sous les Romains, combien ne doit-on pas croire qu'elle renferme de trésors pour l'archéologue, le statuaire, l'architecte? Déjà, à différentes époques, de précieuses découvertes y ont été faites. (1) Mais que de difficultés, que de dangers, pour poser le pied, quelque temps, sur ce rivage redoutable!

---

commandées par des considérations politiques, sont nécessairement dommageables à la population. Par exemple, l'expulsion des Maures d'Espagne a laissé dans cette belle contrée un vide immense, qui sera long à se remplir; mais je n'en conclus pas pour cela que la race gothique ait agi contre ses intérêts en chassant les tribus arabes de son territoire.

(1) Assez récemment il a été expédié, pour Londres, des restes antiques, d'un grand prix, trouvés à Lybydia. A diverses reprises, la France et l'Italie se sont enrichies de monumens précieux trouvés près de Constantine.

Que l'on suppose, au contraire, les Chevaliers Hospitaliers possesseurs d'une longue étendue de côtes en Afrique, et faisant respecter leurs armes au loin, dans l'intérieur du pays, avec quel empressement la curiosité européenne ne se précipiterait-elle pas vers cette région si long-temps interdite à ses regards, et si digne d'être explorée?

Il existe aujourd'hui dans le monde instruit de l'Europe une certaine fermentation de curiosité qui rendrait, je crois, plus précieux que jamais l'établissement dont nous parlons: c'est le désir d'accroître nos connaissances géographiques sur la troisième partie de l'ancien monde, qui, bien qu'à nos portes, nous est moins connu que l'Amérique, et peut-être même que la Nouvelle-Hollande.

Si la Compagnie d'Afrique en Angleterre fait les plus louables et les plus généreux sacrifices pour lancer, par l'Orient, d'intrépides voyageurs, à travers les sables d'Ammon; tandis que, des côtes de l'Ouest, elle fait partir des expéditions, pour remonter les rivières du Sénégal et de Gambie, avec quelle avidité ne saisirait-elle pas le moyen d'attaquer cette vaste péninsule par le côté du Nord, (1) partie sans contredit la plus intéres-

---

(1) Les Anglais ont fait une négociation avec le dey de Tirpoli, pour faire partir de cette dernière ville un homme

sante de l'Afrique, après l'Egypte; contrée où fut le siége de la glorieuse fille de Tyr, de la seule rivale de Rome; où s'étendirent les puissans royaumes de la Mauritanie et de la Numidie; où brillèrent les intéressantes colonies grecques de la Tripolitaine et de la Pentapole Cyrénaïque.

Sans doute on trouvera à peine des vestiges des villes qui firent la gloire de cette belle région. Les ruines de la Carthage d'Auguste couvrent les ruines de la Carthage de Didon. Mais nous ne pouvons douter que ces doubles décombres ne renferment encore de précieux fragmens de cette antiquité que nous apprenons chaque jour à admirer davantage.

Qui sait si, dans l'intérieur des terres, quelque nouvelle Palmyre, défendue par des déserts de sable, n'aura pas, comme celle de Zénobie, conservé les monumens échappés à une première destruction?

---

instruit, qui devra se rendre à Tumbuctoo par la voie des caravanes. Je joins mes vœux à ceux de tous les amis des sciences, pour que cet intrépide voyageur revienne sain et sauf de sa périlleuse entreprise, et nous rapporte de nouvelles lumières sur la géographie intérieure de l'Afrique; mais quelque bonheur qui récompense son courage, je n'en resterai pas moins persuadé que de pareils voyages seraient tentés avec bien plus d'apparence de succès, et feraient espérer de bien plus grands résultats, si une puissante colonie européenne régnait sur les côtes de Barbarie.

Les Romains, on n'en peut pas douter, avaient pénétré fort avant dans l'Afrique. Ils occupaient des postes chez les Gétules et les Garamantes, pour les assujétir à des tributs. (1)

Il est naturel de croire qu'avant eux, les Carthaginois, qui avaient le siége de leur empire en Afrique même, qui n'étaient pas moins ambitieux que les Romains, et qui étaient bien plus ardens que ces derniers pour les entreprises commerciales, s'étaient portés plus loin qu'eux vers le sud de l'Afrique, pour en retirer les denrées précieuses que fournissent les régions équinoxiales, et qu'ils revendaient au reste du monde (2). Peut-on supposer qu'une nation qui avait

---

(1) C'est ainsi qu'ils se procuraient, entr'autres choses, cette énorme quantité d'éléphans, de lions, de tigres, et autres animaux qu'ils faisaient combattre dans les cirques. La prodigieuse consommation qu'ils en faisaient ne permet pas de croire qu'ils les tirassent seulement des contrées maritimes, trop peuplées d'hommes pour que ces animaux y fussent en grand nombre. On sait que l'on vit, plus d'une fois, jusqu'à cent de ces animaux tués dans un seul de ces spectacles qu'on appelait chasses (*venationes*).

(2) Tous les peuples commerçans de l'antiquité tendaient vers le pays des parfums, nommé par les Romains *Regio cinamomifera*, du cinamomum, que l'on croit généralement être la cannelle. Ils avaient placé cette région, en Afrique, au-delà des sources du Nil, entre l'équateur et le 10e degré nord.

conçu et exécuté ce fameux voyage autour de l'Afrique, si connu sous le nom de Périple d'Hannon, n'eût fait aucun effort pour connaître et exploiter à son profit l'intérieur de cette riche contrée? Nul doute au contraire qu'elle n'ait projeté sa domination très-avant dans le pays, et qu'elle ne l'ait soutenue par de fortes stations militaires, pour protéger ses marchands, et assurer ses tributs. Ces factoreries ou étapes, placées probablement dans des oasis, pouvaient être devenues considérables (1).

Cette dénomination serait encore bonne pour le commerce des modernes, car cette même zône renferme Ceylan, d'où nous vient la plus grande quantité de la cannelle. Au reste, cette île n'était nullement inconnue au commerce des anciens; des ports égyptiens d'Arsinoe, Myos-Hormos, Bérénice, sur le golfe arabique, il partait régulièrement de nombreux navires, pour la Taprobane (Ceylan), la Chersonèse d'Or (presqu'île de Malaca), et autres parties des Indes. Strabon assure que de son temps, du seul port de Myos-Hormos (le vieux Koseïr), il partait cent vingt navires, par an, pour les Indes. Sans doute ils en rapportaient les parfums que ces contrées produisent en abondance; mais il est naturel de penser que les Egyptiens et les Carthaginois les avaient d'abord tirés de l'Afrique même. Aussi le cap Guardafui, à l'extrémité de la région Cinanomophore, fut-il nommé le Promontoire des Aromates.

(1) Palmyre n'eut sans doute point d'autre origine; et à quelle splendeur n'arriva-t-elle pas? Cependant l'histoire ne nous occupe d'elle, qu'au moment de sa chute, et sans nous

Si ces établissemens n'ont pas été détruits par les Romains, ce qui est assez vraisemblable, parce que, dès que Carthage fut tombée, la nation punique n'offrit plus de résistance ; il est très-possible qu'il y reste encore debout beaucoup de constructions. Les Vandales, tout occupés du pillage des riches provinces maritimes, durent être peu tentés d'entreprendre vers le désert des expéditions qui leur offraient bien plus de fatigues et moins de profits. Quant aux Arabes, s'ils détruisirent tant de monumens, ce fut presque toujours pour en employer les matériaux à leurs constructions nouvelles. Mais ceux qui se répandirent vers le désert aimaient mieux camper que bâtir, comme ils le font encore, dans ces mêmes contrées.

Reste le temps qui détruit tout ; mais combien de monumens, aussi anciens que l'on peut supposer ceux des Carthaginois, lui ont résisté jusqu'à ce jour, en Egypte, en Syrie, en Perse, aux Indes (1)? Il est

---

parler à peine des merveilles qu'elle renfermait, et qui ne nous ont été révélées que par des ruines qui nous jettent dans l'ébahissement.

Que de monumens admirables ont pu également ailleurs traverser les siècles sans être connus !

(1) Sans compter ces monumens grossiers, nommés vulgairement, en France, *pierre fitte*, *pierre late*, etc., et que les antiquaires désignent sous le nom de monumens celtiques

donc plus que possible, il est probable que l'intérieur de l'Afrique septentrionale renferme, non-seulement des monumens romains, mais même des monumens puniques, et peut-être aussi quelques vestiges des colonies grecques dont nous avons parlé.

Au reste, quoiqu'en reportant les souvenirs sur l'éclat dont brilla jadis l'Afrique, j'aie désiré, je ne le cache pas, réveiller la curiosité sur les trésors qu'elle ne peut manquer de renfermer, mais que son état actuel de barbarie nous rend inaccessibles, je serais fâché que l'on pût croire que j'imagine que la découverte de quelques médailles, de quelques statues, de quelques ruines de constructions anciennes, quand elles devraient nous offrir des squelettes (1) entiers de villes puniques, justifiât les frais de l'expédition né-

---

ou druidiques, en attendant qu'on connaisse leur véritable origine, car il s'en trouve presque partout, et que l'on voit encore debout après tant de siècles et de révolutions.

(1) Je n'ai point trouvé d'expression qui peignît mieux mon idée. Je crois que l'abbé de Vertot est un des premiers auteurs qui aient fait passer dans notre langue l'*urbium cadavera*. Dans son récit du siége de Malte, il se sert de l'expression cadavre de ville. Ce mot convenait à une destruction récente : j'ai cru que celui de squelette rendait mieux l'idée d'une ruine ancienne, où l'action lente du temps paraît avoir eu encore plus de part que la violence.

cessaire pour établir sur la côte d'Afrique la colonie européenne gouvernée par l'Ordre des Chevaliers hospitaliers de Saint-Jean de Jérusalem. Une pareille entreprise ne serait payée ni par la découverte du cours entier du Niger, ni par toutes les nouvelles connaissances dont pourraient s'enrichir la géographie, l'histoire naturelle, la géologie, et toutes les autres branches des études humaines. Quelque précieuses que fussent ces nouvelles acquisitions, on ne peut les présenter que comme de brillans accessoires aux avantages éminens et solides qui résulteraient des succès de cette colonie. J'ai déjà exposé, mais je me plais à reproduire ici les vrais et importans motifs qui devraient déterminer ce grand mouvement de l'Europe : l'abolition de l'esclavage, la surveillance de la peste du Levant ; la sûreté et l'extension du commerce ; la transplantation de l'agriculture, des arts, des lettres, de la civilisation tout entière, sur cette contrée qui, depuis tant de siècles, en conserve si peu de traces ; enfin le retour et la propagation sur cette même terre, de la religion chrétienne ; de cette religion dont il serait très-aisé de prouver que sa doctrine est celle qui concilie le mieux la liberté individuelle avec la dépendance sociale : la seule, du moins, qui offre le spectacle de grands empires, où, depuis le souverain jusqu'au berger, tous les degrés de la hiérarchie sociale sont remplis sans qu'il y ait d'esclaves. Non que nous prétendions que là où règne la religion chrétienne, il n'y a point d'esclaves; mais nous disons que là où il n'y a pas d'esclaves, la religion chrétienne y domine. Certes, voilà une forte présomption de son influence sur l'affranchissement personnel, et de l'appui qu'elle prête à une juste liberté; et ce serait manquer de toute bonne foi que d'attribuer au hasard ou à toute autre cause, la coïncidence que nous venons d'établir (1).

---

(1) L'abolition de l'esclavage est une conquête toute nouvelle, et cette conquête ne s'est faite que chez des peuples chrétiens. L'antiquité toute entière eut des esclaves, et dans les temps modernes, tous les peuples qui ne sont pas chrétiens ont des esclaves: à moins qu'on ne cite, en démenti de cette assertion, quelques peuplades sauvages; mais on sait comme la plupart d'entre elles traitent leurs prisonniers de guerre. Tout homme dégagé de prévention doit donc être conduit à attribuer l'abolition de l'esclavage au christianisme.

Sans doute la religion chrétienne n'a pas brisé tout à coup les chaînes des esclaves; elle ne leur a pas mis les armes à la main, en leur disant: comptez-vous, comptez vos ennemis, vous êtes les plus forts, exterminez vos tyrans, partagez-vous leurs dépouilles; mais elle a dit aux maîtres: ces hommes qui vous servent sont vos égaux devant Dieu, et ils sont bien au-dessus de vous, s'ils sont plus vertueux; apprenez donc à respecter en eux vos semblables, et peut-être

Pour verser sur l'Afrique tous les biens dont nous avons essayé d'esquisser le tableau, et qui tourne-

---

plus que vos semblables. Qu'ils vous obéissent, car la société ne peut exister sans supériorité d'un côté, et dépendance de l'autre; mais que votre commandement soit doux, que vos ordres soient raisonnables, que vos punitions soient justes; car vous aurez à en rendre compte! Cette morale, sans cesse répétée, a incontestablement préparé les voies à l'émancipation de l'humanité; elle l'a provoquée d'une manière irrésistible. Les princes, les gouvernemens chrétiens ont facilement compris que c'était épargner bien des crimes à leurs sujets, que de ne pas laisser à des hommes un pouvoir absolu et arbitraire sur d'autres hommes. Les particuliers eux-mêmes ont dû vouloir se décharger d'une si terrible responsabilité.

Voudrait-on que l'abolition de la servitude ne fût due qu'au progrès des lumières? Mais je demanderais si l'on pense que l'Europe fût plus éclairée dans le XVe siècle, que les Romains sous Auguste, ou les Grecs, aux temps de Périclès ou d'Alexandre. Eh bien, en 1483, Ferdinand le Catholique affranchit les habitans de Remenca, les seuls serfs qui existassent encore en Catalogne. Quant à l'abolition des dernières traces de la servitude en France, par le vertueux et infortuné Louis XVI, il s'en faut bien qu'elle prouve que l'usage des serfs se fût maintenu dans nos campagnes jusqu'à cette époque. La condition de nos paysans, les plus assujétis à des corvées, ne ressemblait pas plus à celle des esclaves de l'antiquité, que l'existence d'un citoyen des Etats-Unis d'Amérique à celle d'un habitant de Fez ou de Maroc. Le jugement qui, sous Louis XIV, força le seigneur d'une terre

raient si éminemment au profit de l'Europe, aucune opération ne présenterait d'aussi grandes probabilités

---

à replacer en son premier lieu la maison d'un de ses plus pauvres vassaux qu'il avait fait rebâtir à neuf sur un terrain à lui, et qu'il voulait donner en échange avec une surabondance d'indemnité à son vassal, fait un assez beau contraste en notre faveur, avec l'ordre de Pollion de jeter aux murènes l'esclave * qui avait brisé un vase précieux.

Je sais bien que l'on pourra dire que la politique eut plus de part que la religion dans les efforts des rois pour détruire la servitude. J'accorderai qu'en effet les souverains trouvèrent aussi conforme à leurs intérêts qu'au bien de l'humanité d'affranchir les communes ; ils affaiblissaient ainsi le pouvoir des grands vassaux. Mais pourquoi dans les républiques, telles que Gênes, Venise, Florence, Pise, etc., l'abolition de la servitude personnelle eut-elle les mêmes progrès? On ne dira point que c'est parce qu'il est de l'essence des républiques de n'avoir point d'esclaves, puisque Sparte, Athènes, Carthage, Rome, toutes les républiques anciennes eurent des

* Si l'esclave de Pollion ne périt pas, ce ne furent point les lois romaines qui le protégèrent. Il dut la vie à la volonté d'un homme qui s'était mis au-dessus des lois, et qui, dans cet acte d'humanité même, portait atteinte aux priviléges des Romains, auxquels les lois de la république abandonnaient le droit de torture et de mort sur leurs esclaves, sans examen et sans restriction ; au contraire, la chaumière du paysan français fut rétablie en sa place première, par le pouvoir des lois de son pays. Cette anecdote, quelque peu de place qu'elle tienne, ne laisse pas de prouver que le respect dû à la liberté et à la propriété individuelles est d'une date moins récente en France, qu'on n'a souvent paru le croire.

de succès que l'établissement des Chevaliers hospitaliers sur la côte de Barbarie. Sans doute il y a telle nation d'Europe qui pourrait seule faire l'expédition nécessaire pour s'assurer d'un poste dans cette partie de l'Afrique; mais elle voudrait en jouir seule; et dès qu'elle essaierait de s'étendre dans le pays, elle deviendrait l'objet de la jalousie de toutes les autres puissances, qui lui susciteraient mille empêchemens. Tous les Etats de l'Europe, au contraire, seraient intéressés à la prospérité de la colonie des Hospitaliers. On peut dire même que toutes les classes de la société y verraient une perspective attrayante; le guerrier, de la gloire et de la fortune; le savant, de nouvelles régions à explorer; le cultivateur, des champs et une charrue; l'ouvrier, du travail; le négociant, du commerce. N'oublions pas que les souverains y trouveraient un moyen toujours renaissant de récompenser des sujets dont les services leur auraient été agréables, en ouvrant à leurs fils une carrière tout à la fois honorable et lucrative.

---

esclaves; et l'on sait que le pouvoir des maîtres y était sans bornes. Convenons donc qu'il serait bien étonnant qu'une idée qui, avant le christianisme, n'a jamais été conçue, qui depuis le christianisme, n'a jamais été adoptée là où cette religion ne dominait pas, qu'une telle idée, dis-je, n'appartînt pas à cette religion.

Jetons un regard dans l'avenir de l'Afrique. Qui peut se refuser à penser que ce pays, rendu à la civilisation, ne donnât bientôt le jour à des génies capables d'honorer l'humanité? La patrie des Hannon, des Annibal, des Térence, et plus tard des Augustin, des Cyprien, retrouverait sa glorieuse fécondité dès qu'elle serait peuplée de ces enfans d'Europe qui semblent destinés désormais à soumettre et à éclairer le reste du monde. Sous quels auspices plus brillans pourraient-ils y être conduits, que sous les bannières des Hospitaliers, si favorisées de la victoire pendant tant de siècles?

O vous dignes légataires des hauts sentimens des Dupuy, des Guerin, des Villeneuve, des Bérenger, des Heredia, des Capelle, des Vignacourt, précieux débris du plus noble boulevard que la piété et la valeur aient jamais élevé entre la civilisation et la barbarie, songez que deux fois vous renaquîtes de vos cendres avec un nouvel éclat; ne désespérez pas de recommencer une carrière plus grande, plus glorieuse encore que celle que vous avez déjà parcourue, toute pleine de merveilles qu'elle se montre à nos yeux. Adressez-vous aux souverains de la chrétienté; dites-leur qu'ils vous agrègent des compagnons dignes de vous, dignes de la cause que vous voulez soutenir. Jamais l'Europe ne fut plus riche en guerriers; à la voix de leurs maîtres, ils se précipiteront en foule pour vous suivre. Allez ensemble ; venger les longues et cruelles humiliations de l'Europe. Que devant vous l'esclavage, l'ignorance, la barbarie disparaissent! que derrière vos invincibles phalanges, les sciences, les arts, le commerce, l'industrie embellissent de nouveau cette région si favorisée de la nature si déshonorée par ses habitans. Etendez sans cesse l'empire de la civilisation chrétienne; que des rives de la Méditerranée jusqu'aux sables du désert, tout homme devienne libre et apprenne à vénérer la religion qui seule a fait respecter la liberté de l'homme.

Si vous ne trouvez pas les rois réunis en congrès pour répondre ensemble à votre demande, du moins, par une heureuse circonstance il existe, au milieu de l'Europe, un sénat auguste auprès duquel presque tous ses rois ont des représentans: c'est là que vous devez faire entendre votre voix.

Rappelez à cette diète de Germanie les derniers outrages que le pavillon Teutonique vient d'essuyer de la part des corsaires d'Afrique. Montrez-leur les enfans d'Arminius enchaînés, accablés des plus indignes traitemens, condamnés à mourir esclaves, si quelque nation étrangère ne les réclame, ou si quelque nouveau tribut de leur patrie ne les arrache à la captivité. Quoi donc! toujours de l'or! Germanie! pour traiter avec de misérables Maures, c'est du fer qu'il te faut! et c'est bien à toi plus qu'à toute autre contrée, qu'il convient de provoquer la punition des outrages faits à l'Europe. Ces Goths, ces Francs, ces Angles, ces Lombards, appartenaient à la noble race Teutonique. Si ces essaims glorieux sortis des forêts Hyrciniennes, ont brisé par le fer le joug que les légions romaines avaient imposé au monde; s'ils se sont partagé par la victoire le vaste héritage des Césars; peux-tu sans honte et sans douleur payer avec eux aujourd'hui des tributs à de méprisables pirates? Peut-être as-tu pu espérer longtemps que du moins l'habitant de ton antique sol, que celui qui boit encore des eaux de l'Elbe et du Weser, éprouverait rarement les malheurs de l'esclavage, et que tes affronts pourraient n'être pas connus. Mais les grandes puissances maritimes ont du moins quelquefois châtié les corsaires, leurs pavillons sont redoutés; le tien est sans défense, c'est sur lui que tombe toute la fureur de ces brigands. Ils osent même se montrer jusque dans tes mers qu'on les soupçonnait à peine de connaître. Cette honte est trop grande pour être soufferte!

Accepte les offres de cet Ordre généreux qui, pendant tant de siècles, combattit pour la sûreté des mers. Signale son dévouement aux souverains dont les envoyés siègent au milieu des tiens. La ligue que tu as à leur proposer est aussi une *Sainte Alliance*. Il s'agit de venger les longs outrages portés à l'honneur et à la liberté de l'Europe. Germains! vous êtes les patriarches de cette glorieuse contrée, puisque tout ce qui y domine sort de vos tribus. C'est à vous de faire un appel à toutes les nations qui composent la grande famille européenne, et de leur montrer la plage où elles doivent porter désormais cette vaillance terrible trop longtemps employée à couvrir de deuil la commune patrie!...

NOTES

ET

OBSERVATIONS SUPPLÉMENTAIRES.

J'AI annoncé que je donnerais, à la fin du Livre, l'explication des motifs qui m'ont engagé à proposer des changemens dans les titres et attributions des grandes dignités. Je joindrai à cela quelques observations qui auraient tenu trop de place au bas des pages.

Des grandes Dignités.

Autrefois, les grandes dignités étaient attribuées aux premiers Baillis de chaque langue, qu'on appelait aussi *Piliers*. Cet arrangement serait incompatible avec le nouveau projet, le nombre des langues y étant beaucoup trop considérable.

J'ai cru que la première dignité après celle de Grand-Maître devait être celle de Grand-Aumônier, afin de ne point laisser oublier que le premier établissement de l'Ordre fut une association de piété et de charité. Autrefois, dans les chapitres généraux, la première place après le Grand-Maître était occupée par l'évêque du chef-lieu, et la deuxième par le prieur de l'église de Saint-Jean. On aurait pu conserver un de ces titres au chef du clergé ; mais ils n'expriment pas aussi positivement que celui d'aumônier des fonctions de charité.

Par une raison semblable, le Grand-Hospitalier m'a paru devoir précéder les autres dignitaires, pour rappeler aux Chevaliers qu'ils ont été hospitaliers avant d'être guerriers ; ce qui doit encore être.

J'ai mis le Grand-Chancelier avant le Grand-Banneret et le Grand-Amiral, pour montrer que la justice doit avoir le pas sur la gloire. Celle-ci aura toujours assez de charmes pour être suivie, quelque rang qu'on lui assigne.

J'ai remplacé la dignité de Grand-Maréchal par celle de Grand-Banneret, parce que ce dernier titre me paraît plus spécial. En effet, on a vu des maréchaux de diète, des maréchaux de palais, etc. De plus, en conservant la dignité de grand-maréchal de l'Ordre, il était difficile de ne pas lui conserver ses anciens priviléges. Or, il en avait un qui me paraît excessif. Quand il était sur mer, il avait le droit de commander, même le Grand-Amiral. Cette étrange attribution se trouve cependant expliquée par les déplacemens de l'Ordre. Tant que les Chevaliers hospitaliers purent se maintenir à Jérusalem et dans la Terre-Sainte, ils n'eurent point ou très peu de forces maritimes. Les fonctions de Grand-Amiral ne pouvaient donc avoir qu'une médiocre importance. Il était naturel qu'il fût subordonné au grand-maréchal, chef des troupes de terre qui décidaient alors de la destinée des Chrétiens en Orient. Lorsque, par la suite, les Chevaliers se retirèrent successivement à Chypre, à Rhodes, à Malte, la marine devint d'une toute autre conséquence; mais le Grand-Amiral se trouvait placé en seconde ligne ; il y resta. C'eût été d'ailleurs offenser la langue d'Auvergne dans ses prérogatives, que d'ôter au Grand-Maréchal sa prééminence sur le Grand-Amiral.

La même cause de déplacement fit éprouver un changement tout contraire dans la charge du Turcopolier. Dans la Terre-Sainte, il était commandant de la cavalerie, et il jouait certainement alors un grand rôle. Mais il en fut tout autrement lorsque l'Ordre se trouva renfermé dans l'île de Rhodes, et encore plus à Malte. Cependant, c'eût été offenser la langue d'Angleterre, que de supprimer cette dignité. Elle fut donc conservée; mais le Turcopolier, en gardant son titre, commanda de l'infanterie, et même des galères. A l'extinction de la langue d'Angleterre par le schisme, les fonctions du Turcopolier furent déférées, en partie, au Sénéchal du Grand-Maître.

Quoique les grands-dignitaires eussent le titre de *Baillis-Conventuels*, cependant le Grand-Bailli ne fut long-temps que le dernier de ces dignitaires, dont le Grand-Commandeur était le premier. Il ne paraît pas même que le Grand-Bailli eût des fonctions générales. Du temps que la Religion possédait Rhodes, il était inspecteur du château de Saint-Pierre dans la Carie, dont la garde était confiée à la langue d'Allemagne. Lorsque l'Ordre fut transféré à Malte, le Grand-Bailli eut le gouvernement de la Cité-Vieille et du Goze. On voit que ce n'étaient point là des fonctions générales, telles que celles de Grand-Hospitalier ou de Grand-Maréchal, qui s'étendaient sur tout l'Ordre; mais simplement des commissions particulières déléguées au Grand-Bailli, pour honorer la langue d'Allemagne, dont il était le Pilier.

Il paraît que ce fut sous le Magistère d'Hélion de Villeneuve, au Chapitre général tenu à Montpellier, vers l'an 1330, que fut fixée la division de l'Ordre en langues ou nations, et qu'on attacha à chacune de ces langues une des dignités dont nous venons de parler, ainsi que celle de Grand-Commandeur, de Grand-Hospitalier, et de Drappier, ou Grand-Conservateur : la première, à la langue de Provence; la deuxième, à la langue de France; la troisième, à la langue d'Arragon.

Quant à la dignité de Grand-Chancelier, elle ne fut créée que sous le Magistère de Raimond Zacosta, vers 1461, de époque à laquelle la Castille et le Portugal furent séparés la langue d'Arragon, formèrent une langue sous le nom de Castille, et eurent pour Pilier ou Bailli-Conventuel le Grand Chancelier, qui se trouva ainsi le dernier des Grands Dignitaires. Ses attributions se trouvèrent fort rétrécies par celles déjà affectées au Trésorier-Général, qui lui-même était subordonné en beaucoup de choses au Grand-Commandeur. On voit aussi, par un statut du même Raimond Zacosta, que les prétentions du Grand-Commandeur et du Grand-Amiral se trouvaient en conflit par rapport à l'arsenal. Il s'employa avec beaucoup de soin et d'adresse à les concilier. La cause de ce conflit se retrouve encore dans les déplacemens; l'arsenal, destiné dans son principe à des armemens de terre, était devenu un arsenal maritime. Nous nous plaisons à faire remarquer à cette occasion, que ce qui peut paraître défectueux ou même discordant dans les divers établissemens de l'Ordre des Hospitaliers, ne vient presque jamais d'un vice de création, mais des changemens de situation qu'a éprouvés cette illustre société. On y eut le bon esprit d'introduire successivement les institutions qui parurent nécessaires, sans détruire les anciennes, auxquelles on fit concorder, le mieux possible, les nouvelles. Si donc nous nous permettons aujourd'hui de proposer des réformes et des remplacemens, c'est que l'ordre entier a éprouvé un de ces bouleversemens après lesquels il est loisible de reconstruire un édifice selon d'autres alignémens et d'autres dispositions.

Je ne dois point cacher un motif qui s'est joint à ceux que je viens d'établir pour m'engager à proposer des changemens dans les grandes dignités. Autrefois, sur les huit dont nous avons parlé, trois, et c'étaient les trois premières, appartenaient à des langues faisant partie de la France. Pourrait-on se flatter que, dans la nouvelle organisation, toutes les langues de l'Europe consentissent à la conservation d'un si énorme privilége, quelque antiques et respectables que fussent les droits sur lesquels on le trouverait appuyé. En changeant les dignités, on enlève, en quelque sorte, les titres aux prétentions. Que l'Europe laisse la France en possession de la dignité de Grand-Hospitalier, et l'Espagne de celle de Grand-Chancelier, nous croyons que ces distinctions flatteuses, mais si bien méritées, l'une par la nation qui fonda l'Ordre militairement à Jérusalem, et qui lui fournit des héros pour chefs à toutes les époques les plus glorieuses de son histoire, l'autre par la nation généreuse qui l'accueillit dans ses malheurs, et lui donna une seconde existence en l'établissant à Malte, ne pourraient qu'honorer les souverains qui en feraient la concession, sans trop affaiblir la juste émulation qu'il est si utile d'entretenir entre tous les sujets de la grande coalition européenne.

Des Grands-Pensionnaires et du Trésor.

Je ne me dissimule pas que l'on sera étonné de ce que je propose de ne plus accorder de jouissance de biens territoriaux aux Commandeurs, tandis que je donne même des propriétés aux Chevaliers, ce qui intervertit l'ordre auquel on est accoutumé. Mais premièrement, on a pu voir que les Commandeurs se trouveraient amplement indemnisés, soit par les traitemens fixes affectés aux membres des conseils, soit par les traitemens variables attachés aux commissions. Secondement on n'ignore point que les Commandeurs n'ont pas toujours été à vie. Ils étaient d'abord amovibles, et n'avaient que par commission temporaire l'administration des biens de l'Ordre. Dans le principe même, ces administrateurs étaient désignés sous le nom de Précepteurs. Ce ne fut que sous le Magistère de Hugues de Revel, vers l'an 1260, que l'usage s'introduisit de les nommer Commandeurs du mot *commandamus* (nous confions), dont on se servait dans leurs lettres d'obédience. Toutefois ce n'est aucunement par esprit de réformation, et pour reporter aux temps premiers, que je propose un semblable changement. Voici le motif qui m'y a conduit: Désirant faire de l'Ordre des Hospitaliers une colonie qui se multipliât et s'étendît indéfiniment en Afrique, et ayant à cette fin limité la durée des vœux de la plus grande partie des Chevaliers à un certain nombre d'années, il m'a semblé indispensable que le reste y demeurât perpétuellement assujéti, pour représenter plus spécialement la société et conserver intactes ses premières institutions. Ces membres ainsi choisis pour faire partie du gouvernement ne pouvaient être pris que parmi des Chevaliers déjà à la tête de l'Ordre, puisqu'ils devaient former, dans la nouvelle organisation, une espèce de sénat chargé de veiller à l'observance des statuts de la société non moins qu'à l'administration. J'ai cru qu'il convenait que des hommes auxquels ces hautes fonctions étaient destinées fussent, plus que tous les autres, délivrés de tous soins particuliers de leur fortune. Ils ne posséderaient donc rien en propre, selon mon plan; mais ils jouiraient d'une existence conforme à leur dignité et à la puissance de l'Ordre : ce qui indique que leurs traitemens varieraient selon les temps. Mais il est sensible qu'il devrait toujours s'élever, au moins, au niveau des revenus nets des Chevaliers propriétaires; ce qui suffirait pour leur assurer une plus grande aisance qu'à ces derniers, puisqu'ils n'auraient point charge de famille. Les Baillis, les Grands Dignitaires, le Grand-Maître enfin, seraient également traités selon leurs grades. Ils seraient de grands Pensionnaires de l'Etat. Leurs traitemens seraient tirés du commun trésor, lequel se composerait d'abord, et pendant long-temps, des subsides des divers Etats de l'Europe, qui, outre l'entretien de leurs langues respectives, fourniraient des fonds pour l'établissement et le soutien de l'Ordre en Afrique, pour les pensions de tous les membres du gouvernement, pour les constructions des hôpitaux, des maisons, des fortifications, du port, de l'arsenal, etc. Dans la suite, le trésor serait alimenté par les revenus provenant des douanes, des impositions sur les terres des Chevaliers, sur les banlieues des villes et bourgades, des contributions directes et indirectes des villes et bourgades, des tributs levés dans les gouvernemens extérieurs, enfin des droits de mortuaire, de vacant, et tous autres que l'Ordre jugerait à propos d'établir. Au reste, en proposant ici de pensionner les chefs des Hospitaliers en Afrique, je suis loin de penser que les vénérables membres, à présent existant, de cette société doivent être privés, en Europe, des débris qui ont échappé à la grande conflagration qui a dévoré les biens de l'Ordre.

Des Châteaux et de la Ligne de défense.

Je ne crois pas inutile de prévenir quelques objections au sujet des châteaux forts que j'établis au milieu des Chevaleries. Cette multiplicité paraîtra peut-être inexécutable; cependant je ne fais que proposer un état de choses qui a existé en France, en Allemagne, et dans une grande partie de l'Europe, pendant plusieurs siècles, où dans chaque terre seigneuriale, il y avait un château fort. On voit même, par un règlement d'Antoine Fluvian, qui fut Grand-Maître au commencement du XVe siècle, que la plupart des Commanderies des Hospitaliers à cette époque étaient fortifiées; car il ordonne que, dans le cas où quelque Chevalier se serait établi, par surprise ou par force, dans une Commanderie, ou *membre* d'une Commanderie (petite propriété dépendante d'une Commanderie), contre la volonté du Couvent et du Grand-Maître, le Prieur, dans le Prieuré de qui cette Commanderie était située, ait à employer la force, pour en chasser l'usurpateur, et qu'au défaut de moyens suffisans pour cela à sa disposition, il ait à recourir au bras séculier. Et l'on ne peut pas douter qu'il ne fût question de véritables forteresses, car il ajoute que comme dans le Prieuré d'Angleterre, il n'y avait point ou très-peu de forteresses dans les Commanderies de l'Ordre, au moyen de quoi il n'y avait pas occasion d'user de violence, le Prieur était tenu de mettre en possession le légitime Bénéficier, à la première requête qui lui en était faite.

Nous sommes trop disposés, dans ces temps modernes, à nous effrayer des grands remuemens de terres, et des fortes constructions en maçonnerie. Nous nous contentons d'admirer ce qui nous reste en ce genre des travaux anciens, sans songer à les imiter. Cependant il est certain qu'en tous temps et en tous lieux, ce furent les moyens les plus puissans (je ne parle point ici des causes morales) de se préserver des invasions des voisins, et d'assurer ses conquêtes chez les peuples vaincus. Aussi d'immenses entreprises de ce genre furent conçues et exécutées par les peuples anciens. Quoique la muraille de la Chine soit à 2 où 3 mille lieues de nous, et qu'elle ait été construite il y a deux ou trois mille ans, elle n'en a pas moins été faite par des hommes; et ce que je proposerais ici serait un mur de jardin en comparaison de cet ouvrage colossal. Mais sans aller chercher des exemples si éloignés par la distance et par le temps, les Romains à qui l'on ne refusera pas sans doute qu'ils s'entendissent à soumettre et conserver des provinces, les Romains hérissaient de forteresses les frontières qui séparaient tel pays déjà soumis, des peuples encore indomtés. C'est ainsi qu'après la conquête des Gaules, ils garnirent de châteaux les bords du Rhin, et forcèrent une partie des eaux de ce fleuve à couler dans un nouveau lit, pour couvrir la Batavie. C'est ainsi qu'Adrien et après lui Sévère, séparèrent la Calédonie de la partie de la Bretagne devenus province romaine, par une muraille qui traversait toute l'île d'une mer à l'autre. Je sais bien que ces grands travaux n'ont pas pu sauver toujours les peuples qu'on voulait défendre; que les Germains ont passé le Rhin; que les Tartares ont franchi plus d'une fois la grande muraille; que les Pictes et les Ecossais ont ravagé la Bretagne, malgré les doubles retranchemens qui devaient protéger les malheureux Bretons. Mais ce peuple, ceux de la Gaule et les Chinois, furent néanmoins long-temps à l'abri des insultes de leurs farouches voisins par ces puissantes barrières. Travailler pour le temps est tout ce que peuvent faire les hommes. Nous sommes forcés d'appeler durables les établissemens dont jouissent quelques générations. Il est très-probable que plusieurs siècles verraient prospérer et s'étendre la colonie des Hospitaliers en Afrique, avec le système qui est proposé ici.

Que si en admettant la possibilité de ces châteaux, on craignait qu'ils n'amenassent les mêmes effets qu'ils ont produits en Europe, pendant plusieurs siècles, c'est-à-dire de rendre les vassaux trop peu dépendans du souverain, je répondrais qu'au commencement de la féodalité, il y eut de très-grands, de moyens et de petits vassaux, lesquels avaient été des gouverneurs de provinces, de villes, de châteaux. En devenant héréditaires, ils restèrent dans la même proportion de puissance et à peu près dans la même dépendance relative. Les vassaux inférieurs étaient obligés de prendre fait et cause pour le seigneur immédiat, souvent même contre le souverain. Cet ordre de choses mettait de puissans moyens de résistance à la disposition des grands vassaux, lesquels, à leur tour, étaient intéressés à soutenir leurs feudataires. Dans la colonie nouvelle rien de semblable ne se présente: toutes les

Chevaleries seraient à peu près de même valeur, tous les châteaux de même force, aucun Chevalier n'aurait de prépondérance sur un autre. Toutes les places fortes, depuis le chef-lieu de l'Ordre jusqu'à la moindre citadelle, seraient entre les mains du Gouvernement qui y tiendrait garnison. On voit qu'il serait de toute impossibilité que jamais un Chevalier songeât à se rendre indépendant.

Ces châteaux destinés à recueillir les habitans des campagnes en cas d'incursion de la part des Maures et Arabes, seraient très-propres, dans leur ensemble, à remplir cet objet et à arrêter ces barbares; mais ils seraient sans force pour résister à des siéges en règle, et contre de l'artillerie européenne. Cette arme coûteuse, mais expéditive, n'a pas peu contribué à mettre les vassaux dans la dépendance des souverains. Depuis son usage, on a rarement vu se renouveler ces siéges où une petite troupe renfermée dans une place forte, lassait la patience et les efforts d'une grande armée. Ce n'est pas tout aujourd'hui que d'avoir une position avantageuse et une grande opiniâtreté, il faut des munitions chères qui se consomment vite, et qui ne se renouvellent point partout.

Quant à la construction de ces châteaux, elle serait accommodée aux armes du temps. Les Maures ne sont pas d'habiles artilleurs, mais ils ont du canon. On donnerait donc peu d'élévation aux bâtimens, de manière qu'ils fussent couverts par les ouvrages en terre dont on les entourerait. Ces ouvrages seraient garnis de quelques petites pièces d'artillerie pour répondre à celles de l'ennemi. Au reste les attaques que ces châteaux seraient dans le cas de soutenir ne seraient jamais longues; car nous supposons que toute la population des campagnes serait maintenue dans l'habitude des armes, et elle serait conduite, par les Chevaliers et les vétérans, au secours du point attaqué. Nous ne parlons point des cas d'invasion par de grandes armées, parce que nous pensons qu'alors qu'on en serait menacé, les forces mobiles de la Religion iraient à leur rencontre et tâcheraient de les combattre hors des terres de la Colonie.

Nous avons dit que tous ces châteaux seraient liés par une ligne de défense, mais on sent bien que souvent la nature du terrain épargnerait beaucoup de travaux aux hommes. Lorsque les possessions de la Colonie seraient bornées par des marais impraticables, par des rivières profondes, par des montagnes d'un très-difficile accès, il suffirait de quelque surveillance pour n'être pas surpris.

Des Vétérans.

Je crois devoir quelque explication au sujet des vétérans dont j'ai dit qu'ils pourraient se charger de l'exploitation des fermes. Sans doute le plus grand nombre d'entre eux et surtout les marins, après 10 ou 15 ans de service, seraient fort étrangers à l'agriculture, et ce ne serait pas travailler pour la prospérité de cet art si essentiel que de leur en confier la pratique : mais j'ai déjà dit que le Gouvernement pourvoirait à fournir le pays de véritables cultivateurs, et l'on doit entendre qu'il leur ferait toutes les avances nécessaires pour entreprendre et poursuivre l'exploitation des terres. Les vétérans pourraient s'allier dans les familles de ces colons et en tirer de l'assistance et des lumières pour la pratique de leur nouvel état. Par exemple, un vétéran qui épouserait la fille d'un laboureur ou d'un fermier, et qui prenant avec lui, dans sa vétérance, une partie de sa nouvelle famille, proposerait de faire valoir la métairie, cet homme pourrait inspirer de la confiance. Celui au contraire qui épouserait une fille tout-à-fait étrangère aux travaux de la campagne, et n'appartenant point à une famille de cultivateurs, cet homme ne pourrait se charger d'une métairie, sans grand désavantage pour lui et pour le propriétaire imprudent qui la lui aurait confiée. Mais je n'en opinerais pas moins pour le placer dans la campagne et au milieu d'un petit terrain dont il aurait la jouissance; afin qu'il pût s'occuper et acquérir même le goût et la connaissance du travail des champs. L'Etat tirerait de cette disposition l'avantage que ces vétérans, ainsi dispersés dans la campagne, y perpétueraient l'esprit militaire, dirigeraient la jeunesse dans la pratique des armes, et la conduiraient sous les ordres des Chevaliers, à la défense du pays. J'insisterais également pour que les soldats n'obtinssent de vétérances que sous la condition de se marier; afin de peupler d'autant la colonie d'hommes qui transmettraient des traditions de courage et d'honneur à leurs enfans. Si l'on se contentait de faire des pensions à ces hommes, ou de leur donner quelques emplois pour retraite, beaucoup ne se marieraient point, et il serait à craindre que leur présence dans la colonie ne fût plus nuisible qu'utile à la société. Quant au temps de service pour donner droit à la vétérance, je crois qu'on pourrait fixer les engagemens à quatre ans, et accorder la vétérance après trois engagemens. On recevrait les hommes de dix-huit à vingt-quatre ans.

Des Campagnes et des Villes.

J'ai dit que le Grand-Maître tracerait tous les ans quelques sillons avec la charrue, et que tous les Chevaliers sauraient conduire cet instrument. Je m'attends à l'espèce de sourire que fera naître cette idée, chez beaucoup de lecteurs. On pensera que les mœurs du XIXe siècle se prêtent mal au projet de produire de nouveaux Cincinnatus. Eh bien, j'ose dire que les personnes qui sont de cette opinion, ne se sont pas donné la peine d'observer ce qui s'est passé, dans ce genre-là, autour d'elles, depuis vingt-cinq ans. A peu d'époques il a été aussi commun de voir des guerriers, déposant le harnais, se livrer aux occupations de l'économie agricole. Nos campagnes sont couvertes de militaires de tous les grades et de tous les partis, qui, après avoir fait la guerre dans diverses parties du monde, sont aujourd'hui retirés dans des habitations rurales, et exploitent eux-mêmes les champs qui en dépendent. Mais quand ces exemples ne seraient pas aussi récens et aussi communs, n'oublions pas qu'à la longue, les institutions font les mœurs. Sans doute, on a pu répéter souvent avec justice, d'après le poète philosophe, que les lois ne servent de rien sans les mœurs: mais si l'on recherchait la cause de l'altération des mœurs, on la retrouverait presque toujours aussi dans le relâchement des lois. Sans remonter jusqu'à Sparte, pour prouver que des institutions fortes peuvent corriger des mœurs très-relâchées, et les conserver long-temps rigides, dans combien d'états modernes ne pourrions-nous pas montrer des époques d'une scandaleuse dissolution, suivies d'intervalles non-seulement d'une plus grande décence, mais même d'une véritable réforme? Et cependant ces révolutions dans les mœurs n'étaient produites presque toujours, que par le changement des exemples donnés par les chefs des Gouvernemens, dont la conduite, il est vrai, est d'une grande influence, mais ne peut être considérée, tout au plus, que comme une institution temporaire.

Mais pour en revenir plus spécialement à notre sujet, nous croyons que l'agriculture resterait long-temps en honneur dans un pays où les propriétés rurales feraient tout à la fois la récompense des plus belles années de la jeunesse employées au service de la chose publique, et le prix de l'engagement contracté d'y consacrer le reste de sa vie; où le chef de l'Etat ferait gloire d'être le protecteur de ce premier des arts qui nourrit tous les autres; où de plus chaque propriétaire ne pourrait se flatter de voir augmenter ses jouissances qu'en perfectionnant la culture sur son terrain, sans compter sur de nouveaux héritages, ni sur d'heureuses acquisitions; où il serait donc forcé de se replier sur lui-même, et d'obtenir en quelques sorte en intelligence et en vigueur de travail tout ce qui lui serait refusé en extension. Mais aussi quelles facilités ne lui présenteraient pas les relations continuelles de la nouvelle colonie avec toutes les contrées de l'Europe! Quelle marche rapide vers la prospérité agricole n'offrirait pas un pays où, sur les coteaux, la vigne serait taillée par des Français, tandis que des Anglais ou des Belges étendraient leur savante culture dans la plaine; où des Espagnols de Valence ou de Catalogne fertiliseraient les flancs des montagnes les plus arides, par leur admirable talent pour l'irrigation, tandis qu'à leurs pieds, des Lombards, ou des Piémontais semeraient le riz, ou planteraient le mûrier ; où des Allemands veilleraient à l'aménagement des forêts, tandis que des bergers Suisses conduiraient leurs troupeaux dans les hautes vallées ? Et ce n'est point ici une vaine supposition ; c'est ce qu'on devrait attendre de la colonie telle que je la suppose. Quel est le Chevalier qui ayant sa propriété dans un terrain favorable à la vigne, ne désireroit pas y établir des cultivateurs du Bordelais ou de la Bourgogne ? Quel autre ayant de belles terres arables, ne souhaiterait pas y transporter une cense flamande, ou une ferme anglaise ? et ainsi des autres. Or c'est ce qui pourrait toujours être exécuté, par les raisons déjà expliquées.

Je sais que l'on pourra me dire que ce cultivateur flamand qui faisait merveille sous son climat frais et humide du 50e degré, transporté au 36e. n'entendrait plus rien au cours des saisons et aux besoins de la terre ; qu'il serait continuellement surpris par la promptitude de la végétation, par des sécheresses dévorantes suivies de torrens de pluie. Je conçois que cet homme pourrait être trompé un an ou deux, par la différence du climat, en supposant qu'il ne fût pas prévenu. Mais il a l'habitude de travailler avec intelligence ; il est économe, industrieux, vigilant, il étudierait son terrain, et triompherait des difficultés dès qu'il les aurait connues. Le Hollandais, accoutumé en Europe à disputer à l'eau la terre qui le porte, n'a-t-il pas combattu cet élément avec le même succès, dans les deux Indes ? Lorsqu'on a vu, toute sa vie, un travail couronné de succès, on a une grande confiance à l'entreprendre partout où il peut être appliqué : on peut bien être conduit à le modifier selon les circonstances ; mais on y porte le besoin de bien faire et le désir de faire mieux encore qui suggère tôt ou tard les expédiens convenables au nouveau sol sur lequel on opère.

Si nous jetons à présent un coup d'œil sur les progrès probables de la société dans les villes de la nouvelle colonie; que n'aurons-nous pas lieu d'espérer d'une réunion où les Français serviraient de lien commun aux différentes nations; par l'universalité de leur langue, l'élégance de leurs mœurs, la prévenance de leurs manières, et toutes leurs qualités si éminemment sociales; où les Anglais porteraient l'heureuse exigeance de cette perfection dans tout ce qui est utile, qui est devenue un besoin pour eux, et qu'ils ont droit de commander, parce qu'ils la montrent dans tous les produits de leur industrie; où les Espagnols, conservant par excellence, les nobles traditions du passé, se montreraient toujours prêts à donner l'exemple d'une sage résistance aux innovations dangereuses; où les Allemands exerceraient au profit de tous, leur vaste capacité pour la science, leur infatigable esprit d'investigation et ce génie inventif qui leur révèle si bien tout ce qui leur est nécessaire; où les Italiens orneraient leur nouvelle patrie par les beaux arts dont ils lui porteraient le tribut; où enfin les Suisses offriraient ce beau caractère de franchise et de loyauté qu'ils ne dépouillent en aucun temps et sous aucun climat (1)?

Ce tableau ne sera point regardé comme un pur jeu de l'imagination par ceux qui voudront bien considérer sur quels

---

(1) Je ne parle point des Belges, ni des Russes et Polonais. Ce sont des Français, à divers degrés de température, réunis sous le même climat, on ne les distinguera plus.

fondemens s'appuie la nouvelle Colonie, et comment elle doit se perpétuer. C'est un Ordre chargé de sept siècles de gloire, qui, du consentement et par le concours de toutes les puissances chrétiennes, va poser en Afrique le siége de sa domination. Il reçoit dans ses rangs des guerriers de toutes les nations de l'Europe qui viennent de combattre pour leurs patries respectives. Aux garanties qu'offrent les preuves d'honneur et de courage qu'ils ont déjà données, ils ajoutent le serment de se montrer dignes de succéder aux héros de Ptolémaïde, de Rhodes et de Malte. Derrière eux se présentent, pour les remplacer un jour, de jeunes élèves dont le cœur est agrandi par les beaux exemples de leurs devanciers et l'esprit initié à l'étude de toutes les connaissances du siècle (1). Je le demande, jamais colonie fut-elle com-

---

(1) Je ne prétends parler ici que des sciences exactes et des sciences physiques, dont on ne peut contester les nouvelles richesses; mais nullement des doctrines philosophiques et politiques. Comme celles-ci ne prétendent pas à moins qu'à diriger la marche de la société vers son plus grand bien, et à la fixer à ce terme, il me semble qu'on ne peut juger de l'excellence de chaque système que par la masse de bonheur dont a joui l'humanité quand et où il a prévalu. Or, l'opinion de tout contemporain à ce sujet doit être récusable. Nos passions, nos regrets, nos espérances sont comme autant de verres colorés, à travers lesquels chacun de nous juge du bonheur et du malheur général de son temps. Mon idée se renferme donc à peu près dans les études qui sont du ressort de notre *Faculté des Sciences*. Là, on connaît assez au juste ses profits. Ce n'est pas que les sciences se soient toujours préservées de la séduction des hypothèses; mais on leur doit cette justice que chaque jour elles se soumettent davantage aux lois de l'expérience et du calcul. D'ailleurs, au milieu même des systèmes qui ont été remplacés par d'autres, on a vu dissiper des erreurs sur lesquelles on n'est plus revenu : c'est là certainement du terrain de gagné. Qui voudrait, par exemple, soutenir que l'air

mencée sous de pareils auspices, avec de pareils élémens? Et cependant nous en avons vu acquérir, en peu de temps, un état de prospérité dont plusieurs peuples de l'Europe sont restés bien éloignés.

Des Langues.

Tant que la puissance et les richesses de l'Ordre des Hospitaliers dépendirent, en Europe, de biens provenant de legs, fondations pieuses de princes ou de particuliers, ou d'acquisitions, peu importait la circonscription des langues et des prieurés. Les langues d'Allemagne et d'Italie renfermaient chacune un grand nombre de souverainetés différentes, tandis que trois langues se trouvaient comprises dans le seul royaume de France. La châtellenie d'Emposte s'étendait sur les Etats de plus d'un souverain en Espagne, et parmi les provinces qui formaient le pieuré d'Aquitaine, les unes appartin-

---

et l'eau sont des corps simples ou des élémens, après les avoir vu décomposer et recomposer sous ses yeux? Mais y a-t-il beaucoup d'erreurs philosophiques dont on puisse assurer qu'elles ne seront pas reproduites demain? Je sais que dans les sciences même, on a vu telle méthode d'enseignement, quoique bonne, éprouver beaucoup de difficultés à prévaloir; mais du moins les faits nouvellement reconnus et présentés isolément sont généralement acceptés, parce qu'ils blessent peu d'intérêts. Qu'un homme, par exemple, qui a cru, pendant vingt ans de sa vie, que le diamant était un caillou, entende dire que c'est du charbon, il en sera d'abord étonné; mais si on lui rappelle que déjà Newton avait rangé le diamant parmi les substances inflammables, à cause de sa puissance réfractive, que depuis, Lavoisier a prouvé qu'il donnait du gaz acide carbonique par la combustion (on avait déjà prouvé qu'il brûlait), cet homme ne sera-t-il pas amené à dire : Pourquoi, dans le fait, le diamant ne serait-il pas du charbon? Cela ne dérange rien. On n'en pourrait pas toujours dire autant des nouvelles découvertes en politique.

rent long-temps aux rois d'Angleterre, tandis que les autres étaient aux rois de France. On sait bien que les revenus du convent souffrirent plus d'une fois des divisions des princes chrétiens, mais tant que la propriété des Chevaliers ne fut pas attaquée dans le droit, les maux ne furent que passagers. Leurs biens étaient considérés comme indépendans du suzerain dans les terres duquel ils étaient enclavés. Aussi les princes ne s'imposaient aucune obligation de contribuer régulièrement au soutien de l'Ordre. Aujourd'hui, au contraire, que toute sa force devra dépendre, du moins pendant long-temps encore, de la protection et des secours des divers états de l'Europe, il paraît indispensable que les langues soient renfermées autant que possible dans les limites des souverainetés. Comme il importe que tous les princes concourent à cet établissement, pour qu'il soit vraiment européen, il convient que les moins puissans soient à même d'entretenir au moins une langue. C'est à quoi il a été pourvu dans le projet, en limitant les bannières à un nombre d'hommes tel que les états les plus faibles n'en trouvassent pas la charge trop onéreuse. On a cru devoir multiplier le nombre des langues chez les grandes puissances, afin de diminuer la différence entre les langues elles-mêmes, et ajouter par là en même temps à la dignité des Grands-Protecteurs. Un autre motif déterminait cette mesure. Il n'était pas possible de ne point conserver les anciennes langues de Provence, d'Auvergne, d'Aragon, de Castille : trop de souvenirs glorieux étaient attachés à ces noms. Mais cette subdivision étant accordée à la France et à l'Espagne, comment ne pas l'étendre aux autres puissances, lorsque la population et les divisions territoriales s'y prêtaient naturellement ? Par exemple dans l'empire d'Autriche, les Bohêmes, les Allemands, les Illyriens, les Italiens, les Hongrois semblaient tous avoir des droits séparés. Les états de la Prusse qui débordent d'un côté le Rhin et de l'autre la Vistule, offraient dans le cours de l'Elbe une division non moins marquée. La géographie ethnique de l'Autriche m'ayant paru demander cinq langues, j'ai cru devoir en ajouter une à la France, et deux à l'Espagne, afin que ces royaumes, qui ont le plus contribué à l'ancienne illustration de l'Ordre, ne paraissent pas aujourd'hui traités avec trop peu de faveur. Si l'Angleterre et la Russie ne se trouvent point partagées en raison du grand rôle qu'elles jouent l'une et l'autre, c'est que leurs provinces catholiques ne m'ont pas paru pouvoir se prêter à une plus grande division. Mais comme le nombre des bannières, ainsi que des corps d'artillerie, de cavalerie, etc., n'est pas borné dans chaque protectorat, ces deux monarchies entretiendront, en Afrique, dans leurs langues respectives, des forces militaires proportionnées à leur puissance et à leur dignité.

De l'expulsion des Maures.

L'expulsion des Maures de toutes les terres coloniales de l'Ordre pourra paraître, à quelques personnes, une mesure trop sévère et même impolitique, puisque ce serait priver le nouveau gouvernement d'une population à la vérité barbare et indocile, mais accoutumée au climat, et ayant la pratique de la culture et du commerce du pays, dont par conséquent on pourrait tirer de grands avantages. J'ai déjà fait voir, plus haut, combien il était difficile de faire sympathiser deux nations dont l'une admettait, et l'autre réprouvait la polygamie. Comme ici ce ne seraient pas les Musulmans qui domineraient, il serait à craindre que des vaincus qui auraient plusieurs femmes ne fussent pas toujours respectés dans cette propriété par des vainqueurs qui en manqueraient. Il est probable que de grands désordres résulteraient d'un tel état de choses. Mais j'ajouterai ici d'autres considérations venant à l'appui du système proposé. Pour maintenir les habitans de la côte d'Afrique sous une domination aussi odieuse pour eux que celle d'un peuple chrétien, il faudrait un régime de surveillance qui rendrait leur condition plus malheureuse que celle qu'ils trouveraient tout autre part en se retirant dans l'intérieur du pays (1). Secondement, on aurait toujours à craindre de leur part de dangereuses intelligences avec les ennemis du dehors. On peut se rappeler combien de fois les Latins, dans l'Orient, éprouvèrent de cruels désastres causés par la trahison de gens du pays qui habitaient dans les villes ou contrées soumises aux Croisés (2). Troisièmement, un danger

(1) J'avoue que ce raisonnement serait fort étrange, s'il s'agissait ici d'un peuple paisible contre lequel nous n'eussions aucun grief. Ce qu'il y aurait de mieux à faire dans ce cas serait de ne pas aller le troubler chez lui; mais comme il y a plusieurs siècles que les Barbaresques provoquent l'Europe, et qu'ils lui ont fait acheter, depuis long-temps, le droit d'aller prendre des sûretés contre eux en Afrique même, j'établis en principe la guerre qu'on leur ferait, justifiée par l'utilité, et approuvée par la justice.

(2) Les Maures d'Afrique furent quelquefois alliés des Chrétiens en haine des Turcs. Il leur arriva même de rendre aux premiers de véritables services; mais l'anecdote suivante prouve qu'il n'eût pas toujours été prudent de se fier à leurs dispositions apparentes. Deux frères, Arraschid et Hascen, se disputaient la principauté de Tunis. Soliman s'était déclaré protecteur

non moins terrible et toujours renaissant, serait celui de la peste. Sans connaître la nature et la cause première de cette épouvantable maladie, on sait qu'elle se transmet par les étoffes, les meubles et autres effets à l'usage des hommes. Les Musulmans se refusent, par superstition, à tout moyen préservatif contre ce fléau. Les effets qui ont servi à une victime de la peste n'inspirent aucune frayeur aux hommes non encore atteints. Si les Européens voulaient, dans ces circonstances, prendre des mesures de sûreté, il est probable que les Maures mettraient leurs soins à cacher les objets suspects, pour s'en servir lorsque la surveillance serait moins active, et ils reproduiraient ainsi le mal. C'est pour cette cause aussi que j'ai cru qu'il valait mieux, pour la nouvelle colonie, qu'elle se bâtit une ville en arrivant, que de se loger dans une ville du pays dont on pourrait s'emparer; parce qu'il serait à craindre, dans ce dernier cas, qu'on ne s'emparât aussi du germe de la peste. D'ailleurs, en fondant une ville, on aurait l'avantage de l'établir sur

---

du premier; Charles-Quint soutenait le second. Celui-ci était en possession de la ville, lorsque Barberousse, amiral de Soliman, se présente devant le fort de la Goulette, dont un Maure, qui paraissait tenir pour le parti de Hascen, avait le commandement. Barberousse lui envoya demander pour qui il gardait le fort. « Nous sommes serviteurs des événemens, répondit l'aga, et nous conserverons la place pour le parti qui prévaudra, et pour celui des princes qui demeurera roi de Tunis. »

Sur cette réponse, Barberousse lui ayant prouvé que les efforts des Chrétiens seraient impuissans pour empêcher la ville de Tunis de tomber sous les coups de l'invincible Soliman, son maître, et qu'il valait mieux, pour lui, prévenir qu'attendre cet événement, l'aga lui ouvrit les portes de la Goulette. Peu de temps après, ce fort et la ville furent repris par Charles-Quint.

un plan régulier. La considération du terrible fléau dont je parle doit faire sentir la haute importance de la ligne fortifiée dont je veux envelopper toutes les terres de la Colonie.

Au surplus, cette expulsion des Maures ne serait point aussi pénible pour eux qu'on pourrait le croire. Ces peuples, tour à tour agens et victimes du despotisme et du brigandage le plus affreux, craignent sans cesse de se voir enlever ce qui pourrait exciter la cupidité de leurs chefs ou de leurs voisins, réduisent au plus strict nécessaire les objets à leur usage. Un changement de place pour eux n'entraîne pas de grandes difficultés, ne commande pas de grands sacrifices. La douceur du climat rend les intervalles entre deux établissemens bien moins durs qu'ils ne le seraient dans la plupart des contrées de l'Europe. D'ailleurs il n'y aurait jamais une grande population déplacée à la fois. Passé le refoulement brusque occasioné par l'arrivée des Européens et la première installation de la Colonie sur son nouveau terrain, par la suite les peuples seraient prévenus d'avance du terrain qu'ils auraient à céder à l'Ordre des Hospitaliers. On pourrait même traiter avec eux pour ces évacuations. Jamais la terre ne leur manquerait vers l'intérieur. Au besoin, on les aiderait à en obtenir de leurs voisins.

De la Marine.

Les forces maritimes de l'Ordre ne pourraient point être divisées en langues comme les troupes de terre. Tant que la Colonie serait soutenue par les subsides de l'Europe, les différens Etats de la confédération fourniraient des fonds au prorata des contingens pour cette destination ; mais tous ces fonds seraient réunis en masse, et le concours pour le service de la marine serait ouvert aux Chevaliers de toutes les langues indistinctement. De même le recrutement pour les équipages se ferait sans distinction chez toutes les puissances confédérées. Cette disposition dans la marine serait le prélude de l'état de choses général de tout l'Ordre, dès qu'il pourrait se soutenir par les seules ressources qu'il tirerait de l'Afrique.

Du Projet et du Plan.

Quoiqu'il soit assez commun de confondre le projet et le plan d'une entreprise, et qu'il ait pu m'arriver à moi-même de placer ces mots l'un pour l'autre, j'ai besoin ici de les distinguer. J'appellerai donc *projet*, l'intention de l'entreprise ; le *plan* en sera la conduite ; ou, si l'on veut, le projet indiquera la fin, le plan expliquera les moyens. Tout homme qui propose un projet, doit le croire bon ; et il peut le présenter avec une certaine assurance, sans être taxé de présomption, parce qu'il est lui-même persuadé ; le projet fût-il extravagant, il indiquerait défaut de jugement, mais pas excès de suffisance. Il n'en est pas de même pour le plan ou la conduite. Comme plusieurs voies peuvent faire parvenir à un même but, ce ne serait que par une très-grande confiance dans ses propres lumières qu'on se flatterait d'avoir choisi la meilleure. Cependant, on ne peut pas se contenter de dire où l'on veut aller, sans indiquer par où l'on compte passer, ni comment on s'établira au terme du voyage. Ces développemens peuvent seuls fixer les regards sur le projet, et le rendre palpable. Mais on doit toujours être prêt à reconnaître qu'un autre chemin peut être pris, que d'autres moyens peuvent être employés avec succès. La bonté d'un projet est indépendante de la défectuosité du plan dont il est accompagné. Ainsi, je déclare donc que je crois le projet de transporter l'Ordre des Hospitaliers de Saint-Jean sur la côte de Barbarie, et de le constituer de manière à ce qu'il forme une colonie qui s'étende indéfiniment sur le continent de l'Afrique, utile à l'humanité et à la civilisation, par les conséquences qui en résulteraient infailliblement : je crois qu'il ferait honneur aux souverains, par l'appui desquels il aurait réussi. Quant aux changemens que je propose pour l'organisation de l'Ordre, quant aux préparatifs et à la conduite de l'expédition et à toutes les mesures subséquentes, je pense, avec tout lecteur, que si le projet, c'est-à-dire l'établissement de la Colonie en Afrique, paraissait digne de fixer l'attention du conseil de l'Ordre, le plan, soumis à ses lumières et à son expérience, serait corrigé dans toutes ses parties. Si, de là, il passait aux conseils des rois, de nouvelles modifications, de nouveaux perfectionnemens y seraient apportés, et peut-être, après ce dernier travail, ne resterait-il rien de mes premiers arrangemens. Mais loin de m'en affliger, je m'en réjouirais. Sans doute que je n'aurais élevé sur ce nouveau terrain qu'un édifice fragile et mal assemblé; des mains plus habiles et plus expérimentées lui auraient donné une consistance inébranlable. Gloire leur serait rendue par moi plus que par tout autre. Il est fort peu important que le bien se fasse de telle ou telle manière. Qu'on y arrive, voilà ce qui doit être souhaité de tous.

On pensera peut-être que c'est nous faire rétrograder de 600 ans, que de nous proposer une croisade. Mais, quoi donc? l'esclavage de nos compatriotes nous affecterait-il moins aujourd'hui qu'au 13e siècle? Car enfin, c'est de cela qu'il s'agit. Verrions-nous avec moins d'horreur que nos aïeux, les marins et les commerçans de l'Europe exposés à être mis à la chaîne par des Maures, et à ramer sur des corsaires de Tunis et de Tripoli? Les infortunés habitans de la Sicile et de la Calabre seraient-ils plus faits que jamais pour être vendus comme des animaux aux hommes de la Barbarie, et les servir en cette qualité? Y aurait-il enfin des époques où de telles monstruosités devraient être supportées, lors même qu'il serait facile de les faire cesser pour jamais?

Comme je ne pense pas que des intérêts momentanés, que de petites préférences commerciales que l'on paie assez cher, sans compter les dangers, les avanies et les humiliations, puissent détourner de grandes puissances qui ont la conscience de leur dignité, d'accéder à un projet qui a pour but de faire cesser l'enlèvement et l'esclavage des blancs, leurs sujets, je ne m'occuperai pas de faire voir, ce qui serait très-facile, qu'en peu d'années le commerce qui se ferait dans les ports de la nouvelle Colonie serait bien plus considérable que celui qui a lieu avec les possesseurs actuels de la côte de Barbarie. Et il serait dégagé de toutes les hontes auxquelles il faut se soumettre aujourd'hui.

De la réconciliation des Peuples de l'Europe.

Quand deux hommes, deux villes, deux peuples ont été long-temps animés de fortes haines réciproques, le moyen le plus efficace pour étouffer ces anciens ressentimens, c'est de mettre ces hommes, ces villes, ces peuples, dans la position, dans la nécessité même de concourir à une entreprise où leurs intérêts deviennent communs. Cette vérité est si universellement sentie, que je n'ai pas besoin de la développer ; mais j'en ferai l'application à l'état de l'Europe. Dans les vingt-cinq années qui viennent de s'écouler, toutes les nations de cette partie du monde se sont heurtées les unes contre les autres avec une grande fureur. Presque toutes ont des excès de violence, des abus de supériorité momentanée, des ruptures, des défections à se reprocher. D'ailleurs, après des luttes longues et sanglantes, il n'est que trop selon le cœur humain que ceux qui ont éprouvé les premiers malheurs ne se croient jamais assez vengés, et que ceux à qui les derniers revers étaient réservés par la fortune, regardent toute représaille comme un outrage gratuit.

S'il est vrai que les rois de l'Europe, et nous n'en pouvons douter, veuillent conserver long-temps à leurs peuples la paix qu'ils leur ont rendue par leur sagesse, ils ne doivent point perdre de vue qu'il ne suffit pas que le temple de Janus soit fermé par des traités, que les prétentions politiques soient fixées par des démarcations géographiques. Ce sont les passions des peuples qu'il faut désarmer ; il faut calmer dans les cœurs ces funestes sentimens de haine, ces ardeurs de vengeance que la moindre occasion pourrait faire éclater. Pour étouffer ces fermens de discorde, aucun moyen ne ferait espérer un succès plus probable que celui de présenter à toutes les nations de l'Europe un grand projet où elles seraient appelées à concourir. Cette entreprise ne devrait pas être sans dangers, parce qu'il faudrait qu'il s'y trouvât une gloire que les bataillons d'un peuple ne pussent acquérir sans être soutenus par des bataillons qui auraient été leurs ennemis en Europe. Ces nouveaux lauriers conquis en commun pourraient seuls faire pardonner enfin les trophées que l'on a vu élever avec tant de crève-cœur dans des contrées rivales. Elle devrait, en outre, avoir un but grand et durable, digne des rois et des peuples dont elle serait l'ouvrage. Enfin, il faudrait qu'elle offrît, dans la perspective d'un commerce également ouvert à toutes les nations, l'espoir d'un débouché nouveau pour l'industrie européenne, que le malheur des guerres et le système d'exclusion réciproque qui menace de prévaloir partout semblent avoir paralysée pour long-temps : or, toutes ces conditions se trouveraient réunies dans l'établissement en Afrique d'une colonie européenne gouvernée par l'Ordre des Chevaliers hospitaliers de Saint-Jean de Jérusalem.

FIN.

ADRIEN EGRON, IMPRIMEUR
DE S. A. R. MONSEIGNEUR, DUC D'ANGOULÊME,
RUE DES NOYERS, N° 37.

ERRATA.

Page 33, lig. 9, *maître de camp*, lisez : *mestre-de-camp.*

Page 59, lig. 1, *détai*, lisez : *détail.*

Page 72, Reportez au commencement de la ligne 13 le mot *de*, qui commence la ligne 12.

Page 81, lig. 21, *ortes*, lisez : *fortes.*

www.ingramcontent.com/pod-product-compliance
Ingram Content Group UK Ltd.
Pitfield, Milton Keynes, MK11 3LW, UK
UKHW031925260826
14628UKWH00003B/1414

9 782019 705879